Reclam Literaturunterricht

Sachanalysen. Stundenverläufe. Arbeitsblätter

Gotthold Ephraim Lessing
Emilia Galotti

Von Peter Bekes

Reclam

Abkürzungen und Symbole

EA Einzelarbeit
PA Partnerarbeit
GA Gruppenarbeit
UG Unterrichtsgespräch
LV Lehrervortrag

* Kennzeichnung eines zusätzlichen Arbeitsauftrags bzw. Unterrichtsschritts auf erhöhtem Niveau (für Differenzierung)
HA Hausaufgabe

Verweis auf die zugehörige Ausgabe:
Gotthold Ephraim Lessing: Emilia Galotti. Ein Trauerspiel in fünf Aufzügen.
Hrsg. von Thorsten Krause. Stuttgart: Reclam, 2021. (Reclam XL. Text und Kontext. 16112.)
Stellenangaben mit Seiten- (und Zeilen)angaben beziehen sich auf diese Ausgabe.

Code für editierbare Arbeitsblätter und Vorlagen

Alle für den Unterricht benötigten *Arbeitsblätter* und *Vorlagen* (Bilder und Texte) sind digital auf der Webseite **www.reclam.de/lehrer_emilia_galotti** zum Download verfügbar. Bitte geben Sie folgenden Code ein:

vvuaAEyh

Reihenkonzept: Max Kämper

Reclam Literaturunterricht | Nr. 15816
2021 Philipp Reclam jun. Verlag GmbH,
Siemensstraße 32, 71254 Ditzingen
info@reclam.de
Druck und Bindung: Esser printSolutions GmbH,
Untere Sonnenstraße 5, 84030 Ergolding
Printed in Germany 2025
RECLAM ist eine eingetragene Marke
der Philipp Reclam jun. GmbH & Co. KG, Stuttgart
ISBN 978-3-15-015816-6
reclam.de

Inhalt

Vorbemerkung

Obwohl Gotthold Ephraim Lessings Trauerspiel *Emilia Galotti* das wohl am intensivsten interpretierte Drama der deutschen Literaturgeschichte darstellt, ist man sich über dessen Sinngehalt nur selten einig gewesen. Basierend auf der Virginia-Geschichte des römischen Geschichtsschreibers Livius sind dessen Handlung und virtuose Dialoggestaltung gut nachvollziehbar, doch am Ende bleiben viele Fragen. Diese zentrieren sich hauptsächlich um eine Frage, die auch leitend für viele Interpretationsversuche des Stückes ist: Warum muss Emilia sterben? Aus diesem Problem resultieren weitere Fragen. Warum appelliert Emilia an ihren Vater, sie zu töten, damit sie ihre Unschuld bewahren kann? Warum ersticht der Vater seine Tochter und nicht den Prinzen, dessen despotischer Anschlag auf die bürgerliche Welt doch die Familie Galotti ins Unglück gestürzt hat? Wieso wird der Prinz – im Sinne poetischer Gerechtigkeit – nicht zur Verantwortung gezogen? Wie lassen sich die Widersprüche in der Charakterzeichnung von Vater und Tochter im Handlungsverlauf des Trauerspiels erklären? Die Antworten auf diese Fragen in Form von Deutungshypothesen zum Drama haben bis heute genauso viele Antithesen auf den Plan gerufen. Vermutlich liegen in der Offenheit und Rätselhaftigkeit des Dramas, dessen Handlungsverlauf vom Dichter selbst bis ins Detail motiviert wird, Reiz und Herausforderung für das gegenwärtige Publikum, sich auf den Text einzulassen und sich mit ihm auseinanderzusetzen.

Benutzungshinweise

Der Band enthält fünfzehn aufeinander aufbauende Unterrichtsstunden und eine Klausuraufgabe mit Lösungsvorschlägen.

Jeder Entwurf einer Unterrichtsstunde besteht aus zwei Teilen:
- **Sachanalyse** mit einem praxisorientierten, auf den Unterrichtsverlauf bezogenen Interpretationsangebot
- **Unterrichtsverlauf** mit (a) kurzem Überblick über Thema und Ziel, (b) den Unterrichtsschritten in tabellarischer Übersicht und (c) ausführlichen Erläuterungen zu den einzelnen Unterrichtsschritten

Jede Unterrichtsstunde bietet alle für den Unterricht benötigten Materialien:
- kopierfähige **Arbeitsblätter** (ggf. mit Lösungsvorschlägen im Anhang)
- **Vorlagen** (Bilder oder Texte)
- **Tafelbilder** (Vorschläge für die mediale Präsentation)

Die Unterrichtsstunden enthalten an allen geeigneten Stellen Hinweise für
- einen möglichen **verkürzten Verlauf** (als **fakultativ** gekennzeichnete Unterrichtsschritte), um die als Doppelstunde konzipierten Einheiten bei gleichen Stundenzielen, aber weniger Vertiefungsphasen einstündig zu realisieren
- eine mögliche **Binnendifferenzierung** (die entsprechenden Arbeitsaufträge auf erhöhtem Niveau sind mit einem Asterisk * gekennzeichnet)

Textgrundlage ist die Ausgabe:
Gotthold Ephraim Lessing: Emilia Galotti. Hrsg. von Thorsten Krause. Stuttgart: Reclam, 2021. (Reclam XL. Text und Kontext. 16112.)

Hinweis: Die Reihe *Reclam Literaturunterricht* achtet auf gendergerechte Sprache. Aus Gründen der Lesbarkeit wird in seltenen Fällen davon abgewichen, immer sind aber alle Geschlechter gemeint.

1 Gegenwärtige und historische Vorstellungen von Hochzeit und Ehe vergleichen

Sachanalyse

Im Mittelpunkt der Handlung des Trauerspiels steht die bevorstehende Hochzeit Emilia Galottis mit dem Grafen Appiani. Sie ist die Tochter des ehemaligen Obersten Odoardo Galotti und seiner Frau Claudia. Während er allein auf einem Landgut außerhalb der Residenzstadt lebt, wohnen Mutter und Tochter, getrennt vom Vater, in der Stadt. Hier haben sich auch Emilia und Appiani kennen und lieben gelernt. Die hier im Rahmen des Gesellschaftsmodells eines italienischen Fürstentums zur Zeit der Renaissance fingierte dramatische Handlung spiegelt soziale und kulturelle Prozesse in Deutschland im 18. Jahrhundert wider. Partnerwahl und Hochzeit in dieser Zeit sind im weiteren Zusammenhang des Strukturwandels der Öffentlichkeit und vor allem im Kontext der Entstehung der bürgerlichen Kernfamilie zu sehen. Während im Mittelalter und in der frühen Neuzeit die Haushaltsfamilie die dominante Lebens- und Wirtschaftsgemeinschaft war, die neben den blutsverwandten Vertretern unterschiedlicher Generationen auch Knechte, Mägde und Dienstboten umfasste, entwickelte sich im 18. Jahrhundert, zunächst als mentale Konstruktion, später schließlich auch in der sozialen Praxis die Familie als Erziehungs- und Gefühlsgemeinschaft. Deren Genese verdankt sich die Trennung von Erwerbs- und Privatleben. Für die wirtschaftliche Unterhaltung und Sicherung der Familie im außerhäuslichen, öffentlichen Bereich war der Mann zuständig. Diese selbst konstituierte sich als privater Binnenraum, in dem es vor allem um die Pflege zwischenmenschlicher Beziehungen ging. Die besondere Aufmerksamkeit galt hier der Erziehung und Ausbildung der Kinder, die – im Sinne aufklärerischer Ideale – in ihren personalen Eigenheiten als Einzelwesen betrachtet wurden und zu tugendhaftem Handeln angeleitet werden sollten. Gleichwohl wich dieser Familientypus als Werte- und Gefühlsgemeinschaft, die größtenteils in den sogenannten Moralischen Wochenschriften, den empfindsamen Lustspielen und bürgerlichen Trauerspielen propagiert wurde, von den realen Formen menschlichen Zusammenlebens ab, wie sie partiell bis ins 20. Jahrhundert hinein praktiziert wurden. Kennzeichnend dafür war die patriarchalische Organisation der Familie, die den Spielraum des Einzelnen durch feste Rollenmuster und moralische Verhaltensanforderungen rigide einschränkte. Die Familie war dem Hausvater als oberster Instanz gegenüber zum Gehorsam verpflichtet.

»In dem Augenblick, wo ein Glied des Hauses seinen eigenen individuellen Wünschen gegen den Willen des Hausvaters folgt, ist die ›Ordnung‹ gestört. Als besonders konfliktträchtig hatte sich durch die Jahrhunderte der prekäre Moment erwiesen, in dem die geschlechtsreifen Kinder dem Zug ihres Herzens folgten und außerhalb des Hauses ohne oder gegen den Willen des Vaters einen Partner fanden.«[1] Solche Irritationen, wie Sørensen sie beschreibt, finden sich häufig in den bürgerlichen Trauerspielen der Zeit, die den Konflikt von Liebesheirat und ständischen Konventionen thematisieren. Sie reichen indes weit in die gegenwärtige Lebenswelt hinein. Auch hier verhindern partiell traditionelle kulturelle und religiöse Wertsetzungen die freie Wahl des Ehepartners.

Das von bürgerlichen Vorstellungen geprägte Modell der Liebesheirat im 18. Jahrhundert kontrastiert aufs Schärfste mit den in üblicherweise praktizierten höfischen Formen der Ehe. Das im europäischen Adelsrecht verankerte Prinzip der Ebenbürtigkeit forderte die Standesgleichheit der Ehepartner. Ehen wurden häufig aus Gründen der Staatsräson vereinbart und geschlossen, um den politischen Machtbereich zu erweitern bzw. die standesgemäße Thronfolge zu sichern. Unebenbürtige Eheschließungen führten zwangsläufig zum Verlust von Privilegien und zum Ausschluss von höfischen Ämtern. Surrogat für politisch motivierte Ehebündnisse war das an den Höfen der Zeit grassierende Mätressenwesen, das vom Bürgertum wegen seiner sexuellen Freizügigkeit und Prostitutionsnähe allerdings scharf verurteilt wurde. Dieses galt ihm als Prototyp höfischen Lasters. Prekär war die Position der Mätresse. Verlor sie die Gunst des Fürsten, büßte sie ihren gesellschaftlichen Status am Hofe ein.

1 Bengt Algot Sørensen, *Herrschaft und Zärtlichkeit. Der Patriarchalismus und das Drama im 18. Jahrhundert*, München 1984, S. 19.

Unterrichtsverlauf

Überblick. Die Einführungsstunde zielt darauf, die Schülerinnen und Schüler zur Lektüre und zum Schauen des Dramas hinzuführen. In ihrem Mittelpunkt steht daher die Auseinandersetzung mit einem Ereignis, das die Schülerinnen und Schüler aus ihrer eigenen Lebenswelt als stark markierte emotionale Situation kennen: der Hochzeit. Nach der Artikulation eigener Vorstellungen, die die Lerngruppe mit Hochzeit und Ehe verbindet, werden diese kontrastiert mit Anschauungen, die für die zweite Hälfte des 18. Jahrhunderts charakteristisch sind. Abschließend wird die Lerngruppe darüber informiert, dass im Mittelpunkt des Trauerspiels eine geplante Eheschließung steht.

Phase	Thema	Sozialform	Kompetenzen und Lernziele	Materialien
1.1	Die Bedeutung der Hochzeit in der gegenwärtigen Lebenswelt	EA / UG	• Sich den Begriffen Hochzeit und Ehe in Form eines Clusters nähern	
1.2	Sichtweisen und Vorstellungen von Hochzeit und Ehe im 18. Jahrhundert	EA / PA / UG	• Heirat und Ehe als sozial- und kulturgeschichtliche Phänomene kennenlernen und beurteilen	ARBEITSBLATT 1 ➤ S. 8
1.3	Hochzeitseinstellungen in Lessings Drama	UG	• Das Ereignis der Hochzeit aus der Sicht von vier Dramenfiguren erläutern	VORLAGE 1 ➤ S. 7
HA	Lektüre von II,6			*Emilia Galotti*, Reclam XL, S. 27–31

1.1 Die Bedeutung der Hochzeit in der gegenwärtigen Lebenswelt

EA / UG

Unterrichtsschritt mit Erläuterungen. Die Lehrkraft notiert den Begriff »Hochzeit« an die Tafel und fordert die Lerngruppe auf, die Empfindungen, Gedanken und Erwartungen, die sie mit ihm verknüpft, spontan zu äußern. Mit dem Cluster wird sicherlich eine Fülle von Assoziationen abgerufen, wie z. B. romantische Liebesvorstellungen, kirchliche und standesamtliche Trauung, Treueversprechen, Feier, festliche Kleidung, Zeremonie etc. Die Aussagen der Schülerinnen und Schüler werden fast zwangsläufig in ein Gespräch über soziale Implikationen dieses Ereignisses einmünden, über Rechte und Pflichten der Ehepartner, schließlich aber auch dessen Abhängigkeit von spezifischen kulturellen und religiösen Rahmenbedingungen berühren. Möglicherweise taucht in diesem Zusammenhang auch schon die Frage auf, welche Einfluss die Eltern und die Familie auf die jeweilige Wahl der Ehepartner haben.

1.2 Sichtweisen und Vorstellungen von Hochzeit und Ehe im 18. Jahrhundert

EA / PA / UG

ARBEITSBLATT 1
➤ S. 8

Unterrichtsschritt mit Erläuterungen. Das Unterrichtsgespräch bietet vermutlich mannigfaltige Anknüpfungspunkte für eine geschichtliche Vertiefung der Begriffe »Hochzeit« und »Ehe«. Um die Lerngruppe in soziokultureller Hinsicht an die historische Realität von *Emilia Galotti* heranzuführen, empfiehlt es sich deshalb, mit ihr darüber zu sprechen, welchen sozialen Stellenwert das Ereignis der Hochzeit, überhaupt die Tatsache der Eheschließung im 18. Jahrhundert hatte. Ausgehend von punktuellen Kenntnissen, über die die Schülerinnen und Schüler möglicherweise verfügen, könnten folgende Fragestellungen für das Unterrichtsgespräch leitend sein:

1. In welcher Form wurden vor 250 Jahren Ehen geschlossen?
2. Welche Erwartungen, Einstellungen und Wunschbilder verbanden die beteiligten Personen (Eltern, Brautpaar) damit und von welchen Rollenmustern wurden diese geprägt?

Flankiert werden sollte das Gespräch durch den Text auf ARBEITSBLATT 1 ***Heidi Rosenbaum: Formen der Familie*** zu den Ansichten im 18. Jahrhundert und den Veränderungen im Bürgertum. Er wird von den Schülerinnen und Schülern anhand der Arbeitsaufträge in Partnerarbeit erschlossen.

1.3 Hochzeitseinstellungen in Lessings Drama

UG

VORLAGE 1 ➤ S. 7

Unterrichtsschritt mit Erläuterungen. In der abschließenden Arbeitsphase erfolgt eine Engführung der Thematik auf Lessings Drama. Anhand von vier ausgewählten Zitaten soll der Blick der Schülerinnen und Schüler auf das den Text prägende Ereignis der geplanten Hochzeit von Emilia und Appiani gelenkt und damit eine Verständnisgrundlage für die durch sie ausgelösten Komplikationen und Konflikte gewonnen werden, die in der folgenden Stunde behandelt werden. Dabei handelt es sich um Äußerungen von vier zentralen Figuren des Stückes, von Odoardo, Claudia und Emilia Galotti und dem Grafen Appiani (VORLAGE 1 ***Äußerungen im Drama zur Eheschließung***). Bevor die Zitate der Lerngruppe präsentiert werden, sind die jeweiligen Figuren kurz als Akteure des Stückes vorzustellen. Bevor Emilia und der Graf auftreten, äußern sich die Eltern Galotti zur geplanten Eheschließung. Im Rahmen ihres Gespräches mit ihrem Mann Odoardo gibt Claudia Galotti eine Äußerung Emilias wieder. Zuletzt macht Appiani in seinem Gespräch mit Emilia deutlich, welchen existenziellen Wert für ihn die Hochzeit hat. Die vier Äußerungen werden im Unterrichtsgespräch von den Schülerinnen und Schülern jeweils kommentiert und in ihrem Gehalt an ihre Erwartungen und Vorstellungen rückgebunden, die sie zuvor zum Begriff von Hochzeit und Ehe geäußert haben.

VORLAGE 1

Äußerungen im Drama zur Eheschließung

Odoardo Galotti:	Claudia Galotti:
»Ich muss auch bei dem Grafen noch einsprechen. Kaum kann ich's erwarten, diesen würdigen jungen Mann meinen Sohn zu nennen. Alles entzückt mich an ihm. Und vor allem der Entschluss, in seinen väterlichen Tälern sich selbst zu leben.« (S. 25, Z. 1–5)	»Hier, nur hier [in der Residenzstadt] konnte die Liebe zusammenbringen, was füreinander geschaffen war. Hier nur konnte der Graf Emilien finden; und fand sie.« (S. 25, Z. 21–23)
Emilia/Claudia:	**Graf Appiani:**
»Sie [Emilia] ist in der Messe. – Ich habe heute, mehr als jeden andern Tag, Gnade von oben zu erflehen, sagte sie, und ließ alles liegen, und nahm ihren Schleier, und eilte –« (S. 21, Z. 25–28)	»Er [der Hochzeitstag] ist mehr wert, als mein ganzes Leben. Aber schwanger mit so viel Glückseligkeit […], die mich so ernst, die mich, wie Sie es nennen, mein Fräulein, so feierlich macht.« (S. 31, Z. 32 – S. 32, Z. 3)

Hausaufgabe

Lektüre von II,6 (*Emilia Galotti*, Reclam XL, S. 27–31).

ARBEITSBLATT 1

Heidi Rosenbaum: Formen der Familie

»Im Zentrum des neuen Eheideals stand eine veränderte Einstellung zur ehelichen Liebe. Erst der Wandel in den Beziehungen zwischen den Eheleuten tangierte allmählich auch die anderen Familienbeziehungen. In besonderem Maße galt dies für das Verhältnis der Eltern zu den Kindern.

Bis ca. zur Mitte des 18. Jahrhunderts dominierte im deutschen Bürgertum, ebenso wie bei Handwerkern, Bauern, aber auch dem Adel, die traditionelle, sehr sachliche Einstellung zur Ehe. Man trat in den Bund fürs Leben mit einer nach heutigen Begriffen unbeschreiblichen Nüchternheit und Gleichgültigkeit. Dem entsprach die Werbung durch einen Brautwerber oder eine [...] geschäftsmäßige Behandlung der Ehe. In der Art der Eheanbahnung zeigt sich deutlich die Nähe zur traditionellen Form der Ehe. Aus der Perspektive der Eltern – und diese gab den Ausschlag – war die Versorgung der Tochter und ihrer potenziellen Kinder der zentrale Gesichtspunkt bei einer Eheschließung. [...]

Gegen diese uneingeschränkte Dominanz sachlicher Überlegungen fand im 18. Jahrhundert ein literarischer Feldzug statt. Bei der Lektüre der Moralischen Wochenschriften und anderer Publikationen gewinnt man den Eindruck, dass es sich hierbei für das gebildete Bürgertum um ein zentrales, leidenschaftlich erörtertes Thema handelte.

Zunehmend wurde die ›Liebe‹ als zentrales ehestiftendes Motiv herausgestellt. Die genauere Betrachtung zeigt jedoch, dass der Begriff ›Liebe‹ noch nicht im heutigen Sinne gebraucht wurde, es sich nicht um ›romantic love‹ handelte. Vielmehr erweist sich die ›Liebe‹ im Sinne des 18. Jahrhunderts als von der Aufklärung beeinflusste ›vernünftige Liebe‹. ›Vernünftig‹ ist die Liebe zu dem Menschen, ›an dem man Vollkommenheit erkannt hat oder erkannt zu haben glaubt‹. Das heißt, es handelte sich um eine Liebe, die auf der Tugendhaftigkeit des geliebten Menschen gründete. Liebe als ein spontanes, leidenschaftliches, auf Erfüllung drängendes Gefühl wurde hingegen abgelehnt, da sie nicht durch den Filter der Vernunft gelaufen war. Denn Leidenschaft sperrt sich prinzipiell gegen die Vernunft, ist unbeherrschbar, irrational. ›Liebe‹ im Sinne der Moralischen Wochenschriften und vergleichbarer Literatur ist Zuneigung aus Freundschaft, Einsicht in die Vorzüge und Verständnis für die Fehler des anderen. In diesem Liebesbegriff zeigt sich sehr deutlich der Einfluss der Aufklärung.

Immerhin aber wurde ein Minimum an Gefühl nicht nur gebilligt, sondern als notwendig für eine glückliche Ehe angesehen. Das kam zum Ausdruck einmal in der Ablehnung der Ehe, die ausschließlich aus sachlichen Erwägungen geschlossen wurde. Daher wurde auch vor der Überschätzung äußerer materieller Werte gewarnt. Zum anderen verlangte man Gegenliebe in der Ehe. Praktisch lief diese Forderung auf ein Vetorecht der Kinder gegen eine vorgeschlagene Eheverbindung hinaus. Sie sollten nicht mehr gegen ihren Willen verheiratet werden.«

Heidi Rosenbaum: Formen der Familie. Untersuchungen zum Zusammenhang von Familienverhältnissen, Sozialstruktur und sozialem Wandel in der deutschen Gesellschaft des 19. Jahrhunderts. Frankfurt a. M.: Suhrkamp, ^{6}1993. S. 255 ff.

Arbeitsaufträge:

1. Stellen Sie dar, wie sich die Einstellungen der Menschen zur Hochzeit und zur Ehe im Verlauf des 18. Jahrhunderts gewandelt haben.
2. Arbeiten Sie die Unterschiede zwischen bürgerlicher und vorbürgerlicher Ehe heraus.
3. Erläutern Sie das Verständnis von Liebe in der bürgerlichen Ehe.

2 Konflikte des Dramas erkennen (II,6)

Sachanalyse

Die Szene II,6 ist, was die Entwicklung der dramatischen Handlung und die Exposition der Figuren angeht, eine der Schlüsselszenen des Dramas. Erstmals tritt hier Emilia, die Titelfigur, selbst auf, die bislang nur Gegenstand der Gespräche der anderen Figuren und Zielpunkt ihrer Absichten und Handlungspläne war. Hier gewinnt das Stück zunehmend an Tempo, und erstmals spitzt sich dessen Handlung im pragmatischen Nexus zu: Mögliche Konflikte sowie Unterlassungen werden deutlich. Die Grenze zwischen höfischer und bürgerlicher Sphäre, die Odoardo durch seine autoritäre, restriktive ›Familienpolitik‹ penibel einzuhalten versucht, ist hier durch den Prinzen überschritten worden. Er ist kraft absoluter Verfügungsgewalt mit seinem Liebesgeständnis in den Raum eingedrungen, in dem Emilia an diesem Tag mit ihrer Andacht ihre Hochzeit mit Appiani spirituell besiegeln wollte.

Die Familie Galotti trifft ihre Hochzeitsvorbereitungen. Odoardo ist in der Stadt eingetroffen. In einem Gespräch teilt Claudia ihm mit, dass Emilia zur Messe geeilt sei, weil sie gerade am Tag ihrer Hochzeit »mehr als jeden andern Tag […] Gnade von oben zu erflehen« (S. 21, Z. 26 f.) wünsche. Dass sie allein zur Kirche gegangen sei, ruft schon den Argwohn Odoardos hervor. Dass sein Misstrauen nur allzu berechtigt war, zeigt die Szene II,6. Ihr Auftakt ist dramatisch: Wenige Augenblicke, nachdem Odoardo in aller Eile Claudia verlassen hat, stürzt Emilia in »*einer ängstlichen Verwirrung*« (S. 27, Z. 12) in den Saal des Hauses und wirft sich der Mutter in die Arme. Auch wenn sie sich jetzt in Sicherheit wähnt, steht sie immer noch unter dem panischen Eindruck dessen, was ihr in der Kirche und auf dem Weg zurück in ihr Elternhaus widerfahren ist. Lange muss die Mutter allerdings warten, bis sie allmählich erfährt, was geschehen ist. Mühevoll um Fassung ringend, ist Emilia kaum in der Lage, den Anlass ihrer Angst und Furcht zu bestimmen und sich mit dem, was vorgefallen ist, aktiv in einem kognitiven Sinne auseinanderzusetzen. Zwischen einem diffusen Neutrum und einem unspezifischen Maskulinum in ihrem Sprechen changierend, doch allmählich mit zunehmender Konkretion (»etwas«, »es«, »er«, »Ihn«, »ihn selbst«) nennt sie der Mutter zuletzt den Urheber des Vorfalls: Der Prinz sei ihr, so berichtet sie verstört der Mutter, in der Kirche begegnet und habe ihr während der Andacht seine Liebe gestanden, sei ihr dann gefolgt, habe sie dort aufgehalten, um mit ihr zu sprechen. Einer Ohnmacht nahe, sei sie vor ihm geflohen, doch habe er sie zuletzt bis zur Stadtwohnung der Eltern verfolgt. An keiner Stelle ihrer atemlosen Schilderung wird allerdings deutlich, dass sie von den Annäherungsversuchen des Prinzen erotisch affiziert gewesen oder gar, wie Goethe in einer vielbeachteten Äußerung zum Drama vermutet, in ihn verliebt ist. Im Gegenteil, ihre Reaktion ist sprachlicher Reflex ihrer Verunsicherung und Hilflosigkeit. Wider Willen ist sie gezwungen sich anzuhören, was der Prinz ihr sagt. Auf die Frage der Mutter, ob sie dem Prinzen mit »Einem Blicke alle die Verachtung« (S. 29, Z. 21) gezeigt habe, die er verdiene, weiß sie nur zu antworten, dass sie ihm, um unnötiges Aufsehen zu vermeiden, aus Scham standgehalten habe, aber nicht mehr wisse, was sie ihm geantwortet habe. Danach habe sie nicht mehr die Kraft gehabt, einen zweiten Blick auf ihn zu richten. Hier wird schon deutlich, dass sie nicht die Souveränität besitzt, mit unvorhergesehenen Erlebnissen außerhalb der Familie umzugehen.

Die psychischen Spuren, die dieser Vorfall bei Emilia hinterlassen hat, aber auch mögliche Maßnahmen, wie man auf ihn reagieren sollte, sind Gegenstand des Gesprächs zwischen der Mutter und der Tochter. In seinem Verlauf ist Claudia bemüht, Emilia zu beruhigen und den Vorfall herunterzuspielen: »Nimm es für einen Traum«, so sucht sie die Tochter zu beschwichtigen, »was dir begegnet ist« (S. 30, Z. 12 f.). In ähnlicher Weise verharmlost sie das Vorgehen des Prinzen als galantes Sprachspiel: »Du bist«, so versucht sie die Befürchtungen der Tochter endgültig zu zerstreuen, »die unbedeutende Sprache der Galanterie zu wenig gewohnt. Eine Höflichkeit wird in ihr zur Empfindung; eine Schmeichelei zur Beteurung; ein Einfall zum Wunsche; ein Wunsch zum Vorsatze. Nichts klingt in dieser Sprache wie Alles: Und Alles ist in ihr so viel als Nichts.« (S. 31, Z. 12–17) Dass damit nur eine Scheinsicherheit erreicht ist, zeigt indes der Verlauf der gesamten Unterredung. Dessen Inhalt ist nur dann nachvollziehbar, wenn man den kulturgeschichtlichen Hintergrund der Szene beachtet: »Für Lessings Zeit und Gesellschaft, mehr noch für die italienische, war es eine tiefe Beleidigung, ein unbegleitetes Mädchen öffentlich anzusprechen und ihr Liebeserklärungen zu machen. Das gilt in noch höherem Maße, wenn der Mann weiß, dass es verlobt ist, und in höchstem Maße, wenn der Verwegene ihr [sic] sogar an ihrem Hochzeitstage nachstellt, auch mit Gefahr, sie [sic.] in der Öffentlichkeit einer Kirche bloßzustellen. Wenn es dann sogar der Landesfürst ist, und es sich um ein Mädchen vom adligen Stand handelt, dann wiegt die Beleidigung noch viel schwerer, denn es kann doch nur bedeuten, dass er sie [sic.] als seine Mätresse haben will.«[1]

Trotz aller Beschwichtigungsbemühungen und Bagatellisierungsversuche ihrer Mutter meint Emilia zunächst, ihren Verlobten über den Vorfall informieren zu müssen (»Aber, nicht, meine Mutter? Der Graf muss das wissen. Ihm muss ich es sagen«, S. 30, Z. 16 f.). Dem widerspricht allerdings Claudia vehement. Aus psychologischen Gründen rät sie der Tochter mit Nachdruck, weder den Vater noch den Bräutigam darüber in Kenntnis zu setzen. Nach einigem Zögern, hin- und hergerissen zwischen Zweifeln und Selbstbeschwichtigungen, gibt Emilia ihre Position allmählich auf und unterwirft sich ihrem Rat (»Nun ja, meine Mutter! Ich habe keinen Willen gegen den Ihrigen«, S. 31, Z. 3 f.) Sie tut dies, »um Dissonanzen mit dem Vater und dem zukünftigen Ehemann zu vermeiden, sie akzeptiert die Deutungen der Mutter, um Dissonanzen mit sich selbst zu vermeiden; und sie realisiert in ihrer Liebe zu Appiani das väterliche Gebot, um Dissonanzen mit dem familialen Wertsystem zu vermeiden.«[2] Schon hier zeigt sich, dass das Familiengefüge der Galottis innerlich instabil ist. Hier drohen – trotz oder gerade wegen aller Versuche von Mutter und Tochter, Konflikte am Hochzeitstag zu vermeiden – Risiken und Gefährdungen für die Familie im weiteren Handlungsverlauf. Mit dem Schweigegebot untergräbt Claudia letztlich ihre moralische Grundlage und das Vertrauensverhältnis der Brautleute. Damit begeht sie, wie der weitere Verlauf des Stückes zeigt, einen tödlichen Fehler und trägt einen Großteil der Verantwortung für die Auslösung der Katastrophe.

1 Jürgen Kreft, *Gotthold Ephraim Lessing: »Emilia Galotti« und »Nathan der Weise«. Interpretierende Kommentare*, Baltmannsweiler 2013, S. 28.

2 Günter Saße, *Die aufgeklärte Familie. Untersuchungen zur Genese, Funktion und Realitätsbezogenheit des familialen Wertsystems im Drama der Aufklärung*, Tübingen 1988, S. 199.

Unterrichtsverlauf

Überblick. Die Stunde setzt sich mit einer markanten Szene des Dramas auseinander (II,6). Die Schülerinnen und Schüler lernen anhand eines Video-Ausschnittes theatrale Mittel der Inszenierung kennen. In inhaltlicher Hinsicht werden ihnen zugleich der zentrale Antagonismus des Dramas zwischen höfischer und bürgerlicher Sphäre und die inneren Widersprüche und Verwerfungen in der Familie Galotti klar. Die Lerngruppe erkennt, dass vonseiten des Hofes Grenzen überschritten wurden und erhebliche Konflikte drohen. Sie äußert abschließend Erwartungen, welche Auswirkungen das Gesprächsresultat für den weiteren Dramenverlauf haben könnte.

Phase	Thema	Sozialform	Kompetenzen und Lernziele	Materialien
Voraussetzungen: Kenntnis der Szene II,6				
2.1	Emilias Flucht aus der Kirche	UG	• Den Handlungszusammenhang der Szene wiedergeben und Auffälligkeiten ihrer szenischen Präsentation nennen	Videoausschnitt
2.2	Kriterien der Analyse von Theaterinszenierungen und ihre Anwendung	UG / GA	• Aspekte der Analyse von Theaterinszenierungen ermitteln und diese auf den Text anwenden	Videoausschnitt ARBEITSBLATT 2 ➤ S. 13
2.3	Das Gespräch zwischen Claudia und Emilia Galotti	UG	• Verlauf und Struktur des Gespräches und dessen sprachliche Gestaltung erfassen und reflektieren	*Emilia Galotti*, Reclam XL, S. 27–31

2.1 Emilias Flucht aus der Kirche

Unterrichtsschritt. Das Unterrichtsmodul knüpft mit der Untersuchung einer Schlüsselszene des Dramas an das zuvor erörterte Thema Hochzeit/Eheschließung an. Hier werden die Schülerinnen und Schüler mit einem irritierenden Vorfall konfrontiert, der sich unmittelbar vor der Hochzeit des Braupaares abgespielt hat. Ein Videoausschnitt der Szene wird den Schülerinnen und Schülern präsentiert, und sie erhalten anschließend Gelegenheit, sich spontan zu ihm zu äußern. Über die Fokussierung von inhaltlichen Auffälligkeiten und Problemen hinaus, wie z. B. Klärung der Situation und Kennzeichnung der anwesenden und abwesenden Figuren in ihren Rollen und Anschauungen, werden ihre Äußerungen der Lehrkraft erste Aufschlüsse dazu geben, wie sie den Handlungszusammenhang der Szene verstanden haben. Unter Umständen werden sie an dieser Stelle schon auf die para- und nonverbalen Momente der schauspielerischen Darstellung bzw. auf die Bühnengestaltung achten.

UG

Videoausschnitt

Erläuterungen. Mediale Referenz für die Stunde ist ein Videoausschnitt aus einer von Andrea Breth besorgten, sehr erfolgreichen Inszenierung am Wiener Burgtheater im Jahr 2002. Ein kurzer Ausschnitt aus der Szene II,6 ist im Internet zugänglich (youtu.be/sXWxbPKEaDc, 12. 5. 2021). Das Video zur gesamten Inszenierung ist preisgünstig im freien Handel zu erwerben. Da sie bis auf geringfügige Streichungen ziemlich werkgetreu ist, bietet sie sich auch für weitere Unterrichtstunden als mediale Grundlage an.

2.2 Kriterien der Analyse von Theaterinszenierungen und ihre Anwendung

Unterrichtsschritt. Im Rekurs auf ihre Äußerungen sind Kriterien der Wahrnehmung, Analyse und Deutung von Theaterinszenierungen im Unterrichtsgespräch zu ermitteln und in systematischer Form so zu ordnen, dass ein praktikables Konzept für die erneute Betrachtung und Auswertung der Szene zur Verfügung steht (vgl. ARBEITSBLATT 2 **Eine *Inszenierung kriterienorientiert analysieren***). Zu diesem Zweck sind in arbeitsteiliger Form Beobachtergruppen einzurichten. Diese fokussieren unterschiedliche Aspekte der Inszenierung: Figurendarstellung, Raumgestaltung und Effekte, Verfilmung sowie die Beziehung von Dramen- und Bühnentext (Arbeitsaufträge 1–4) und präsentieren sie dem Plenum. Die Ergebnisse ihrer Beobachtungen werden abschließend im Unterrichtsgespräch analysiert und gedeutet.

UG / GA

Videoausschnitt

ARBEITSBLATT 2
➤ S. 13

Erläuterungen zum Videoausschnitt. Der Szenenausschnitt besticht durch Texttreue, psychologische Plausibilität und emotionale Authentizität der Figuren. Der Bühnenraum ist einfach strukturiert. Eine grau und schwarz gestreifte Hinterwand trennt Vorder- und Hinterbühne, zu der man durch einen kleinen Zugang gelangt. Die Bühnengestaltung ist einfach, ziemlich karg gehalten, die Verwendung der Requisiten spärlich: Einzelne Stühle bieten den Figuren Sitzgelegenheiten. Damit wird von Beginn an die Aufmerksamkeit der Zuschauer auf den sprachlichen Vollzug des Dialoges von Mutter und Tochter sowie auf ihre jeweilige Gestik, Mimik und ihre spezifischen Bewegungen im Raum als Ausdruck ihrer inneren Befindlichkeit gelenkt.

2.3 Das Gespräch zwischen Claudia und Emilia Galotti

Unterrichtsschritt. In der letzten Arbeitsphase werden Verlauf, Struktur und sprachliche Gestaltung des Dialogs zwischen Mutter und Tochter genauer untersucht. Das Unterrichtsgespräch darüber könnte sich an folgenden Leitfragen und Aspekten orientieren:

UG

1. Welche Gesprächsphasen lassen sich unterscheiden? In welcher Beziehung stehen Mutter und Tochter zueinander?
2. Welche Erwartungen und Motive liegen ihren Äußerungen zugrunde, welche Ziele verfolgen sie?
3. Wie sind ihre Reden sprachlich gestaltet?

Abschließend sind die Ergebnisse und mögliche Konsequenzen des Gespräches herauszuarbeiten: Angesichts der Verhältnisse, der unmittelbar bevorstehenden Hochzeit und der auf sie projizierten moralischen Vorstellungen verbietet sich für Claudia ein offenes, klärendes Gespräch mit ihrem Mann und ihrem zukünftigen Schwiegersohn. Das macht sie Emilia deutlich, und diese unterwirft sich dem Willen der Mutter. Die

Schülerinnen und Schüler erkennen, dass der Verabredung, die am Ende zwischen beiden getroffen wird, nämlich den Vorfall zu verheimlichen, Momente der Unredlichkeit und Täuschung eingeschrieben sind und dass aus ihnen vermutlich Komplikationen und Folgelasten drohen.

Erläuterungen zu den Leitfragen. Das Gespräch zwischen Claudia und Emilia hat die Struktur eines dreiaktigen Dramas in Kleinformat. Zunächst schildert Emilia den Vorfall in der Kirche. Sie schließt ab mit ihrem Bekenntnis, dass der Prinz sie bedrängt habe. Im zweiten Teil diskutieren beide in dialektisch zugespitzter Form darüber, ob man Vater und Bräutigam über das Ereignis unterrichten solle. Zum Schluss gelangen Mutter und Tochter zu der Entscheidung, den Vorfall zu verheimlichen.

Schon anhand der unterschiedlichen Sprechakte der beiden Figuren wird deutlich, dass Claudia das Gespräch dominiert: Sie stellt die Fragen, appelliert, urteilt und erteilt Rat. Sie spricht die Sprache pragmatischer Vernunft. Auch sie hält das aufdringliche Verhalten des Prinzen für frevelhaft. Überlegen und überlegt steuert sie das Gespräch, beruhigt die verzweifelte Emilia und beeinflusst sie, so dass diese sich am Ende völlig dem Rat und Willen der Mutter unterwirft. Zugleich wird aber auch klar, dass Claudia zwar die galanten Umgangsformen des Hofes adaptiert hat, doch dessen Willkür unterschätzt.

Dagegen spricht Emilia die Sprache des Herzens, ihre Reden sind affektbestimmt. Um ihre Reden mit dem Sprachverhalten der Mutter zu kontrastieren, sollen die Schülerinnen und Schüler hier exemplarisch die vom Autor verwendeten sprachlichen und stilistischen Gestaltungsmittel erkennen und deren Funktion und Wirkung erklären. Die unvollständigen Sätze, die Empfindungswörter, Interjektionen und vielen Gedankenstriche in den Reden Emilias sind Ausdruck ihrer Gefühlsverwirrung.

ARBEITSBLATT 2

Eine Inszenierung kriterienorientiert analysieren

Aspekt	Beobachtung	Wirkung
Schauspieler • *Rollenbesetzung (Erscheinungsbild: Statur, Kostüme, Maske, bes. Merkmale)* • *Körpersprache: (Mimik, Gestik, Kinesik, Raumwege, Körperkontakte)* • *Artikulation (Verbales, Paraverbales)* • *Handlungen*		
Raumgestaltung und Effekte • *Außen-/Innenraum* • *Gegenstände* • *Atmosphäre* • *Licht* • *Musik, Ton, Geräusche*		
Verfilmung • *Kamera-Einstellungsgrößen* • *Kamera-Perspektiven* • *Kamerabewegung* • *Montage/Schnittfolge* • *On/Off*		
Textvergleich • *Streichungen* • *Strukturveränderungen*		

Arbeitsaufträge:

1. Erläutern Sie, wie die Schauspieler in Szene gesetzt werden.
2. Stellen Sie dar, welche Bedeutungen und Funktionen die Raumgestaltung, Licht, Gegenstände und die Atmosphäre haben.
3. Mit welchen filmischen Mitteln arbeitet der Regisseur bzw. die Regisseurin?
4. Vergleichen Sie Filmausschnitt und Textvorlage. Arbeiten Sie Unterschiede und Gemeinsamkeiten heraus.

3 Die erwartungsbildenden Funktionen von Titel, Untertitel und Personenverzeichnis untersuchen

Sachanalyse

Paratexte wie z. B. Autorenname, Titel, Gattungsbezeichnung, Personenverzeichnis gehören zwar zum Buch, aber nicht zum Haupttext. Diese begleiten und ergänzen ihn, bilden gewissermaßen dessen »Vorhof« (Genette). Ihre Funktion besteht darin, den Text präsent zu machen, seine Beziehung zum Publikum zu organisieren und möglicherweise dessen Rezeption zu steuern. In dieser Hinsicht sind auch die Paratexte zu Lessings Drama zu begreifen.

Titel. Auffällig, doch für die Dramenproduktion Lessings nicht untypisch ist der Name einer Frau als Titelfigur des Stückes. Da er weder auf eine mythische Sagengestalt noch auf eine historische Figur verweist, gilt zunächst für den Leser die Vermutung, dass es bei der Handlung des Trauerspiels weniger um eine Staatsaktion geht, sondern dass diese im privaten Bereich zu lokalisieren ist. Durchaus kontrovers zu diskutieren ist die Frage, ob die Nennung Emilias als Titelfigur die Annahme rechtfertige, sie sei die zentrale Gestalt des Dramas. Lessing selbst hat diese zumindest relativiert, als sein Bruder Karl nach der Lektüre der ersten Hälfte des Stückes die mangelnde Aktivität Emilias kritisierte und ihr einen allzu »kleinen«, d. h. frommen und gehorsamen Charakter bescheinigte, der »sie zum Gegenstand der Lehre, des edlen Zeitvertreibs und der Kenntnis für so viele tausende Menschen dienen könnte«[1]: »Weil das Stück Emilia heißt«, so seine Replik auf den Brief des Bruders, »ist es darum mein Vorsatz gewesen, Emilien zu dem hervorstechendsten, oder auch nur zu einem hervorstechenden Charakter zu machen? Ganz und gar nicht. Die Alten nannten ihre Stücke nach Personen, die gar nicht aufs Theater kamen.«[2]

Untertitel. Die Wahl des Untertitels ist in der Dramenpraxis des 18. Jahrhunderts der bevorzugte Modus, die Handlungs- und Darbietungsform eines Stückes zu kennzeichnen. Bestimmend für die poetische Komposition des Stückes ist die Aufteilung der Handlung in fünf Akte (Aufzüge), die wiederum in kleinere szenische Einheiten, in Auftritte, unterteilt sind. In der Regel signalisieren sie einen Schauplatz- oder Personenwechsel. Diese Gliederung entspricht durchaus den poetologischen Vorgaben der in der Tradition der aristotelischen Dichtungslehre stehenden Renaissance-Poetiken. Das gilt auch – allerdings mit Einschränkungen – für die poetologische Klassifikation des Stückes als »Trauerspiel«. Lessing bezieht sich in seinem Verständnis der Tragödie auf die Definition des Aristoteles, für den diese die Nachahmung (Mimesis) einer guten und in sich geschlossenen Handlung von bestimmter Größe in geformter Sprache darstellt und ein tragisches Ende nimmt.

Personenverzeichnis. Dem Personenverzeichnis liegt insgesamt ein relativ homogenes Gesellschaftsbild zugrunde. Alle Figuren gehören dem Umfeld des fürstlichen Hofes an oder sind ihm direkt als Hofbeamte zugeordnet (Kammerherr, Rat), je nach Rang und Abhängigkeit. Allein der Maler Conti steht außerhalb der höfischen Sphäre; er repräsentiert die ›nebenständische‹ Gruppe der Künstler. Im Drama wird allerdings deutlich, dass er von der Gunst und den Aufträgen des Fürsten abhängig ist (»Prinz, die Kunst geht nach Brot«, S. 6, Z. 17).

Neben den Namen der dargestellten Figuren enthält das Personenverzeichnis Hinweise zu den verwandtschaftlichen Beziehungen einzelner Figuren (»Eltern der Emilia«), etwa zur Familie Galotti. Wie diese Angabe standesmäßig einzuschätzen ist, ist an dieser Stelle für den Leser noch unklar, doch lässt sie erwarten, dass es sich bei dem Stück um ein bürgerliches Trauerspiel handelt. Der inhaltliche Verlauf des Stückes zeigt, dass die Galottis dem niederen Adel bzw. dem Stadtpatriziat angehören, aber nicht dem Gewerbe und Handel treibenden Bürgertum. Darüber hinaus finden sich Angaben zum sozialen Status und Amt von Funktionsträgern in der höfischen Sphäre. Hier deutet sich schon der für das Drama konstitutive Antagonismus zwischen höfischer und familiär-privater Sphäre an.

Darüber hinaus macht das Personenverzeichnis deutlich, dass das im Drama dargestellte Geschehen im Italien der Spätrenaissance an historischen Schauplätzen spielt. In der der Region Emilia zugehörigen Stadt Guastalla residierte vom 16. bis zum 18. Jahrhundert das Herrschergeschlecht der Gonzaga. In der Zeit, als das Stück entstand, hatten die Gonzagas allerdings im Fürstentum die politische Macht verloren. Obwohl sich Lessing an historische und geographische Gegebenheiten anlehnt, ist das Stück kein Geschichtsdrama. Figuren und Ereignisse sind vom Autor erfunden,

1 Karl Lessing, Brief an Gotthold Ephraim Lessing vom 3. Februar 1772, in: G. E. L., *Sämtliche Schriften*, hrsg. von Karl Lachmann, 3., aufs neue durchges. und verm. Aufl. bes. von Franz Muncker, Bd. 20, Stuttgart 1905. Unveränd. fotomech. Nachdr. Berlin 1968, S. 127–129, zit. nach: G. E. L., *Emilia Galotti. Ein Trauerspiel in fünf Aufzügen*, hrsg. von Thorsten Krause, Stuttgart 2021, S. 117.

2 Gotthold Ephraim Lessing, Brief an den Bruder Karl Lessing vom 10. Februar 1772, zit. nach: G. E. L., *Emilia Galotti. Ein Trauerspiel in fünf Aufzügen* (s. Anm. 1), S. 119.

verweisen in ihren Namensgebungen rudimentär auf die römische Geschichte (Appius Claudius). Gleichwohl besitzen die hier angedeuteten ständischen Gegensätze ihren historischen Referenzpunkt in den sozialpolitischen Verhältnissen in Deutschland im 18. Jahrhundert, wie sie Lessing zeit seines Lebens bekannt waren und wie er diese in seinen Dramen, Schriften und Briefen häufig thematisierte. Und auch die Figuren des Stückes seien, so schrieb ein zeitgenössischer Kritiker, Gestalten »lauter Menschen unsrer Zeit«.[3]

3 Zit. nach Hugh Barr Nisbet, *Lessing. Eine Biographie*, aus dem Engl. übers. von Karl S. Guthke, München 2008, S. 641.

Unterrichtsverlauf

Überblick. Titel gehören zu den zentralen Paratexten eines Werkes. Anhand von populären Buch- und Filmtiteln soll deren Steuerungsfunktion für die Rezeption den Schülerinnen und Schülern bewusst werden. Um ihnen im Sinne einer Vor-Hermeneutik einen weiteren Zugang zu *Emilia Galotti* zu ermöglichen, untersuchen sie gezielt die Paratexte. Indem sie Vorstellungen und Erwartungen zum Titel, Untertitel und Personenverzeichnis des Dramas entwickeln, also ihr eigenes latentes Vorwissen darüber mit der Bereitschaft verbinden, neues Wissen zu erlangen, können sie schon einzelne Bedeutungsdimensionen, poetische Darbietungsmuster und mögliche Lesarten des Textes erkennen. Solche Erwartungen lassen sich dadurch konkretisieren und bündeln, dass sie mögliche Handlungsverläufe und Problemkonstellationen zum Drama imaginieren.

Phase	Thema	Sozialform	Kompetenzen und Lernziele	Materialien
Voraussetzungen: keine				
3.1	Bedeutung und Funktion von Buch- und Filmtiteln	UG	• Die hermeneutische Bedeutung und Funktion von Paratexten für den Rezeptionsprozess anhand von bekannten Buch- und Filmtiteln erfassen und erläutern	VORLAGE 3 ➤ S. 16
3.2	Der Theaterzettel zur Inszenierung von *Emilia Galotti* im Jahr 1772	UG	• Eindrücke und Erwartungen zum Titel und Untertitel des Dramas formulieren und austauschen; den Informationsgehalt des Dramentypus und seiner Struktur erfassen	ARBEITSBLATT 3 ➤ S. 18
3.3	Das Personenverzeichnis und die Ortsangabe	PA	• Informationszuschreibungen zu den Figuren des Dramas und ihre Beziehungen erfassen	ARBEITSBLATT 3 ➤ S. 18
3.4	Handlungsentwürfe	GA / UG	• Erwartungen zum Handlungsverlauf des Dramas formulieren und eine mögliche Fabel dazu entwickeln	ARBEITSBLATT 3 ➤ S. 18
HA	Lektüre des ersten Aufzugs			*Emilia Galotti*, Reclam XL, S. 5–20

3.1 Bedeutung und Funktion von Buch- und Filmtiteln

Unterrichtsschritt. Einleitend soll das Bewusstsein der Schülerinnen und Schüler für die Bedeutung und Funktion von Paratexten geschärft werden. Dabei können sie sicherlich auf eigene Erfahrungen im Umgang mit Buch- und Filmtiteln zurückgreifen. Zum anderen bietet ihnen die VORLAGE 3 ***Buch und Filmtitel*** Anregungen, deren bedeutungs- und erwartungsbildende Funktionen und Wirkungen, d.h. ihren bezeichnenden, deskriptiven, konnotativen und werbenden Charakter kennenzulernen. UG VORLAGE 3 ➤ S. 16

Erläuterungen zur VORLAGE 3. Die erwartungsbildende Funktion von Titeln kann anhand von drei Beispielen verdeutlicht werden. Der Titel *Nathan* lenkt die Aufmerksamkeit der Rezipienten auf eine männliche Person, weist

VORLAGE 3

Buch und Filmtitel

Eine verhängnisvolle Affäre
Nathan der Weise
Die Vögel
Die Ritter der Kokusnuss
Harry Potter und der Stein der Weisen
Der Pate
Schweigeminute
Der Sandmann
Skyfall
Die Leiden des jungen Werther
Rapunzel neu verföhnt
Als Hitler das rosa Kaninchen stahl

sie in ethnischer Hinsicht als Jude aus. Vermutlich ist sie, obwohl man sich in dieser Hinsicht bei Lessing, wie der Titel seines Dramas *Emilia Galotti* zeigt, nie sicher sein kann, die Hauptfigur des Stückes. Deutlich wird dies durch die explizite Betonung ihrer zentralen Eigenschaft, der Weisheit, die fest mit dem Namen verbunden erscheint. Der Titel *Eine verhängnisvolle Affäre* bezeichnet ein wirkungsmächtiges Ereignis, vielleicht eine schicksalhafte Liebesgeschichte, die im Leben der Beteiligten einen tragischen Ausgang nimmt. Dagegen ruft der Titel *Die Ritter der Kokosnuss* eher komische Wirkungen hervor. Er spielt in grotesker Weise auf das Genre der Rittergeschichten an. Vermutlich werden hier der Heroismus und der Ehrenkodex mittelalterlichen Rittertums ironisiert bzw. parodiert.

3.2 Der Theaterzettel zur Inszenierung von *Emilia Galotti* im Jahr 1772

UG

ARBEITSBLATT 3
➤ S. 18

Unterrichtsschritt. Diese allgemeinen Überlegungen zu Titeln erhalten schärfere Konturen, wenn die Lerngruppe den Theaterzettel der Uraufführung des Dramas von 13. März 1772 untersucht (ARBEITSBLATT 3 ***Der Theaterzettel der Uraufführung von »Emilia Galotti« aus dem Jahr 1772***). Titel und Untertitel des Stückes wecken in ihrem Bewusstsein erste Erwartungen, deuten voraus und lenken ihre Aufmerksamkeit in eine bestimmte Richtung. Insgesamt fungieren sie als wichtige auktoriale Informationen der Exposition und geben Aufschlüsse über den poetologischen Status des Dramas. Zunächst erhalten die Schülerinnen und Schüler Gelegenheit, sich zu dieser Vorlage zu äußern. Anschließend werden sie befragt, welche Informationen sie der Verbindung von Titel und Untertitel entnehmen (Arbeitsauftrag 1).

Erläuterungen zum ARBEITSBLATT 3. Der obere Teil des Programmblattes informiert über den Anlass und das Datum der Uraufführung des Stückes in Braunschweig. Zudem erfährt das Publikum hier, dass die anlässlich des Geburtstages der Herzogin von Braunschweig bewilligte Aufführung von der Döbbelin'schen Schauspielertruppe besorgt und gespielt wird. Den theatralen Gepflogenheiten der Zeit entsprechend werden mehrere Stücke aufgeführt. Eingerahmt wird das Hauptstück der Aufführung, Lessings Trauerspiel, von einem Vor- und Nachspiel, einem Singspiel und einem Ballett.

Noch nicht besonders aussagekräftig ist für das Publikum der Informationsgehalt des Titels, der zunächst bestimmt wird. Er lenkt seinen Blick auf eine weder aus der Literatur noch Geschichte bekannte weibliche Person, die sie vielleicht als eine der Hauptfiguren des Stückes identifizieren. Der italienischen Herkunft des Namens entsprechend werden sie vielleicht den Schauplatz der Handlung in Italien lokalisieren.

Die weitere Untersuchung konzentriert sich auf den Untertitel. In der Regel ist er der bevorzugte Ort, an dem in poetologischer Hinsicht die Handlungsart des Dramas näher bezeichnet wird. Unter Umständen ist es erforderlich, dass die Lehrkraft das Unterrichtsgespräch durch Hinweise auf den poetologischen Hintergrund der Dramenpraxis in der zweiten Hälfte des 18. Jahrhunderts stützt. Je nach Vorwissen der Lerngruppe sollten möglicherweise gezielte Erläuterungen zum Untertitel des Dramas »Ein Trauerspiel in Prosa mit fünf Aufzügen« gegeben werden (auf den Zusatz »in Prosa« verzichtet Lessing in der Buchausgabe des Stückes). Das bedeutet aber an dieser Stelle des Unterrichtsvorhabens noch nicht, eine differenzierte Untersuchung zur Poetik der Tragödie zu initiieren bzw. durchzuführen. Diese erfolgt später unter besonderer Berücksichtigung der Rezeption der Poetik des Aristoteles (s. 14. Stunde).

3.3 Das Personenverzeichnis und die Ortsangabe

Unterrichtsschritt. In der folgenden Arbeitsphase geht es um die Untersuchung des Personenverzeichnisses, der Aufzählung der Personen und ihrer jeweiligen Kennzeichnungen. Hierbei ergeben sich für die Lerngruppe erste Ansätze, Personenkonstellationen und Konfliktfelder im Drama zu erfassen. Dazu lässt sich erneut das ARBEITSBLATT 3 nutzen. Mit dem Arbeitsaufträgen 2 und 3 setzen sich die Schülerinnen und Schüler in Partnerarbeit auseinander.

PA

ARBEITSBLATT 3 ➤ S. 18

Erläuterungen zum ARBEITSBLATT 3. Auf den ersten Blick fällt den Schülerinnen und Schülern auf, dass das Verzeichnis relativ wenige Figuren umfasst. Haben sie zuvor im Unterricht Dramen aus dem 18. Jahrhundert behandelt, dann erkennen sie, dass die für viele klassizistische Dramen des 18. Jahrhunderts geltende politische und soziale Hierarchisierung der Figuren in diesem Personenverzeichnis keine Rolle spielt. Unter Umständen ist es in diesem Zusammenhang erforderlich, den Begriff der Ständeklausel zu erläutern. Die Titelfigur Emilia Galotti taucht an der obersten Stelle der Personenliste auf, Hettore Gonzaga, der Prinz von Guastalla, folgt erst an vierter Stelle.

Gleichwohl lässt das Verzeichnis eine Binnendifferenzierung in einem privaten und öffentlichen Bereich erkennen. Es kontrastieren die Bezeichnungen, die auf einen politischen Status bzw. adelige Herkunft (Prinz, Marchese, Graf, Gräfin) oder eine soziale Funktion am Hof (Kammerherr, Rat, Bediente) verweisen, mit Angaben zu Verwandtschaftsbeziehungen (»Eltern der Emilia«). Möglicherweise sind das erste Hinweise darauf, dass es in dem Stück nicht vorrangig um ›Staatsaktionen‹, sondern um Aspekte und Probleme des privat-familiären Lebens geht.

Recherchieren die Schülerinnen und Schüler im Internet nach der Herkunft der Namen der Figuren, so erkennen sie, dass Lessing diese zum größten Teil erfunden hat. Allein die Ortsangabe Guastalla verweist darauf, dass die Handlung an einem Ort in der italienischen Provinz Emilia spielt, einer Grafschaft, die von dem Fürstengeschlecht der Gonzagas, den Herzögen von Mantua, im 16. Jahrhundert erworben wurde, die dort auch bis zum Beginn des 18. Jahrhunderts herrschten. Die Frage, weshalb Lessing sich für diesen Schauplatz entschieden hat, muss an dieser Stelle noch offenbleiben.

3.4 Handlungsentwürfe

Unterrichtsschritt. Auf der Basis der bisher gewonnenen Textkenntnisse (Szene II,6) und Informationen zu den Paratexten enthält die Lerngruppe abschließend Gelegenheit, Hypothesen zum Inhalt bzw. zum Handlungsverlauf des Stückes zu bilden. Hiermit sollen ihre Vorstellungsbildung und ihre Erwartungshaltungen für die spätere Lektüre des Dramas aktiviert werden. Wahlweise können sich die Schülerinnen und Schüler mit einer der folgenden Aufgaben beschäftigen:

1. Stellen Sie Vermutungen an, um was es in dem Text gehen könnte. Formulieren Sie stichwortartig.

*2. Entwickeln Sie im Rückgriff auf die von Ihnen bislang gewonnenen Erkenntnisse einen möglichen Handlungsentwurf zum Stück.

GA / UG

ARBEITSBLATT 3 ➤ S. 18

Erläuterungen. Die erste Arbeitsanregung hat einen assoziativ-divergenten Charakter. Hier sollen Elemente und Aspekte einer möglichen Handlungsführung des Dramas vorgestellt werden. Die zweite Aufgabe wendet sich an Schülerinnen und Schüler mit narrativen Interessen und Fähigkeiten. Sie sollen in groben Umrissen eine mögliche Geschichte, also eine Fabel zum Drama entwickeln.

Hausaufgabe

Vorbereitende Lektüre des ersten Aufzugs (*Emilia Galotti*, Reclam XL, S. 5–20).

ARBEITSBLATT 3

Der Theaterzettel der Uraufführung von *Emilia Galotti* aus dem Jahr 1772

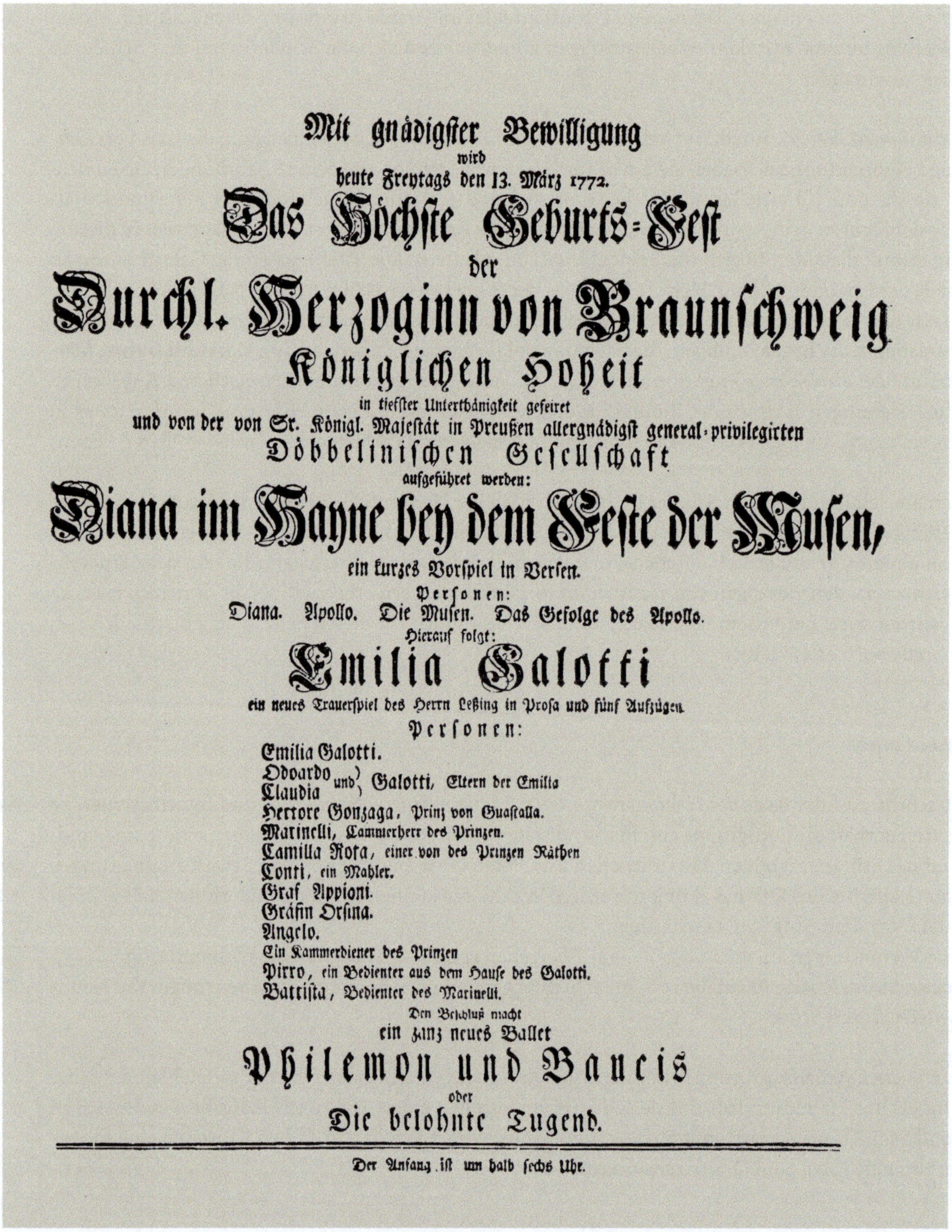

Mit gnädigster Bewilligung
wird
heute Freytags den 13. März 1772.
Das Höchste Geburts-Fest
der
Durchl. Herzoginn von Braunschweig
Königlichen Hoheit
in tiefster Unterthänigkeit gefeiret
und von der von Sr. Königl. Majestät in Preußen allergnädigst general-privilegirten
Döbbelinischen Gesellschaft
aufgeführet werden:
Diana im Hayne bey dem Feste der Musen,
ein kurzes Vorspiel in Versen.
Personen:
Diana. Apollo. Die Musen. Das Gefolge des Apollo.
Hierauf folgt:
Emilia Galotti
ein neues Trauerspiel des Herrn Leßing in Prosa und fünf Aufzügen.
Personen:
Emilia Galotti.
Odoardo und Claudia Galotti, Eltern der Emilia
Hettore Gonzaga, Prinz von Guastalla.
Marinelli, Cammerherr des Prinzen.
Camilla Rota, einer von des Prinzen Räthen
Conti, ein Mahler.
Graf Appioni.
Gräfin Orsina.
Angelo.
Ein Kammerdiener des Prinzen
Pirro, ein Bedienter aus dem Hause des Galotti.
Battista, Bedienter des Marinelli.
Den Beschluß macht
ein ganz neues Ballet
Philemon und Baucis
oder
Die belohnte Tugend.
Der Anfang ist um halb sechs Uhr.

Theaterzettel der Uraufführung von *Emilia Galotti* im Herzoglichen Opernhaus in Braunschweig 1772 anlässlich des Geburtstags der Herzogin Philippine Charlotte von Braunschweig und Lüneburg

Arbeitsaufträge:

1. Notieren Sie Ihre Vorstellungen und Erwartungen, die Sie mit dem Titel und Untertitel des Dramas verbinden.
2. Das Personenverzeichnis enthält spezifische Hinweise zur Kennzeichnung der Figuren und ihrer Beziehungen untereinander. Ermitteln Sie diese.
3. Stellen Sie Vermutungen darüber an, welche Konflikte zwischen den Figuren möglicherweise schon im Personenverzeichnis angedeutet sind.

4 Gefühlswelt versus Staatsräson – die Rolle des Prinzen charakterisieren (I,1 und I,8)

Sachanalyse

Der gesamte erste Akt des Dramas ist vor allem um das Verhältnis des Prinzen Hettore Gonzaga zu Emilia Galotti zentriert. In dem Maße, wie die Komplikationen dieser Beziehung offenbar werden, wird der zwiespältige Charakter des Prinzen exponiert. Bestimmt wird er gleichermaßen von Herrscherpflichten und privaten Interessen. Schon zu früher Stunde in seinem Kabinett am Schreibtisch sitzend, betreibt er seine Regierungsgeschäfte missmutig und ohne großes Engagement: Die »traurigen Geschäfte«, so klagt er, »und man beneidet uns noch!« (S. 5, Z. 7f.) Auf seinem Schreibtisch haben sich Bittschriften und Klagen angesammelt, die er nur flüchtig zur Kenntnis nimmt. Unversehens stutzt er, als er eine Bittschrift entdeckt, die mit dem Namen Emilia unterzeichnet ist. Sogleich fühlt er sich erinnert an Emilia Galotti, die er zuvor anlässlich einer »Vegghia« (S. 9, Z. 31), einer Abendgesellschaft, im Hause des Kanzlers Grimaldi kennengelernt und in die er sich leidenschaftlich verliebt hat. Obgleich es sich bei der Antragstellerin nicht um Emilia Galotti, sondern um eine ihm unbekannte Emilia Bruneschi handelt, erfüllt er – wegen der Namensgleichheit – großzügig deren hohe Forderung. Aus der Ruhe gebracht (»Ich war so ruhig, bild ich mir ein, so ruhig – Auf einmal muss eine arme Bruneschi, Emilia heißen: – weg ist meine Ruhe, und alles!«, S. 5, Z. 21–24), vermag er die Arbeit nicht mehr fortzusetzen und will in Begleitung des Marchese Marinelli ausfahren. Als sein Kammerdiener ihm kurze Zeit später einen Brief der Gräfin Orsina – seiner Mätresse, die er nicht mehr liebt – übergibt, wirft er ihn ungelesen weg.

In dieser Eingangsszene stellt sich der Prinz in seinen charakterlichen Dispositionen und Verhaltensweisen als ambivalente Figur dar. Auf der einen Seite ist er unumschränkter Herrscher des Staates und in seinem staatspolitischen Verhalten dem höfischen Reglement und seiner Gefühlskontrolle unterworfen, sosehr ihm die höfischen Konventionen auch missfallen und sosehr er sich ihnen auch zu entziehen sucht. Um dem machtpolitischen Kalkül des Hofes gerecht zu werden, ist sein Handeln an die Vorgaben der Staatsräson gebunden. Umgeben von höfischen Bediensteten, übt er als Herrscher eines Fürstentums seine politische Macht aus, erledigt – wenngleich missvergnügt – seine Amtsgeschäfte und erteilt Befehle.

Auf der anderen Seite zeigt er sich jenseits der Rollenzwänge des Hofes als Mensch, ist er von Stimmungen und Launen geprägt, überlässt sich seinen spontanen Gefühlen und Leidenschaften und verstößt willkürlich gegen eben diese höfischen Ordnungsprinzipien. Wie verunsichert er in seiner Psyche ist, zeigt seine zerrissene, sprunghafte Sprache, die sich in einer hektischen Folge von stakkatohaft artikulierten Sprechakten entlädt. Er ist nicht in der Lage, klare, konzise Gedanken zu fassen. Seine vielen Versprecher signalisieren Unbewusstes und werfen ein Licht auf den Zustand seiner Empfindungen und Wünsche. Nur so ist sein widersprüchlicher Kommentar zur Ankunft der Orsina in der Stadt zu erklären – eine sprachliche Fehlleistung, die er sofort korrigiert: »Desto schlimmer – besser; wollt ich sagen« (S. 6, Z. 1).

Die mentalen Dissonanzen des Prinzen, die in der Eingangsszene offenbar werden, werden im gesamten ersten Akt in den abrupten Schwankungen seiner Launen und Gefühle deutlich. Sie zeigen sich in seinen sprachlichen Äußerungen und seinen Verhaltensweisen. Unruhig und in seinen Stimmungen hin- und hergerissen, vermag er seine Empfindungen und seinen Verstand nicht in Einklang zu bringen und damit seiner höfischen Rolle gerecht zu werden. Sinnfällig wird dies vor allem in der den ersten Akt beschließenden Schlussszene. Auch hier wirkt er zerstreut und geistesabwesend. In großer Eile will er, um die Begegnung mit Emilia am Vormittag in der Kirche nicht zu verpassen, ohne Verzögerung, bar jeder moralischen Verantwortung und juristischen Überprüfung, das Todesurteil, das Rota ihm vorlegen möchte, »Recht gern« (S. 19, Z. 27) unterzeichnen. Solche Gedanken- und Bedenkenlosigkeit ist hier nicht allein ein Zeichen fürstlicher Willkür, sie ist auch dem Augenblick, der psychischen Ausnahmesituation und sozialen Desorientierung des Prinzen geschuldet.

Die beiden Szenen, die den ersten Aufzug rahmen, verdeutlichen, dass er zur Selbstkontrolle nicht fähig ist, sich seinen spontanen Empfindungen und persönlichen Affekten überlässt und damit gegen die Regeln höfischer Rationalität verstößt. In dieser Hinsicht erfüllen sie wichtige Aufgaben der Exposition: »Die ersten Sätze, mit denen der Prinz auftritt, und die letzten, mit denen er die Bühne verlässt, markieren die moralischen Extreme, die Punkte des weitesten moralischen Abstands, den er – die ganze Tragödie vorwegnehmend – im ersten Akt durchmisst.«[1]

1 Gisbert Ter-Nedden, *Lessings Trauerspiele. Der Ursprung des modernen Dramas aus dem Geist der Kritik*, Stuttgart 1986, S. 185.

Beide Szenen zeigen also die tief gespaltene Persönlichkeit des Prinzen. Er »führt seine Regierungsgeschäfte nicht am straffen Zügel eines machiavellistischen Kalküls, sondern ist von Emotionen geprägt, die ihn aus der Bahn rationaler Herrschaft werfen, ihn der Willkür seiner Empfindungen unterwerfen. So hat der Hof mit seiner Etikette, seiner Gefühlskontrolle und seinen Herrschaftskalkülen für den Prinzen seine identitätsverbürgende Kraft verloren«.[2] Aus solcher psychischen und sozialen Desorientierung resultieren seine Fehlhandlungen, die auch dazu beitragen, die tödliche Geschehenslogik des Dramas in Gang zu setzen.

Die Empfehlung, die Lessing in seinem 63. Literaturbrief und später im 86. Stück seiner *Hamburgischen Dramaturgie* zeitgenössischen Dramatikern gibt, bei der Darstellung von Charakteren auf deren Verschiedenheit, deren innere Mischung von Gutem und Bösem in angemessener Form zu achten,[3] hat er bei der Exposition des Prinzen verwirklicht. Er zeigt menschliche Schwächen und Fehler, diese resultieren aus einem Rollenkonflikt. Das, was er am Ende des Stückes über sich selbst sagt, dass auch »Fürsten Menschen« (S. 87, Z. 31) sind, gilt von Beginn an: Er ist nicht nur Fürst, sondern auch Mensch, im Rahmen der Aufklärung die bürgerliche Denkfigur schlechthin. Weder ist er aufgeklärter Herrscher noch gefühlloser Despot. Sein Handeln ist nicht durch strategische politische Rationalität bestimmt. Im Gegenteil: dort, wo verantwortungsvolles, pflichtgemäßes Handeln gefordert ist, überlässt er sich völlig seinen Emotionen, ordnet er »sein Herrscheramt und die damit verbundenen Funktionen dem privaten Glück einer als wahr und tugendhaft erlebten Liebe unter«.[4]

2 Sebastian Kaufmann / Günter Saße, *Gotthold Ephraim Lessing: Emilia Galotti*, Braunschweig 2012, S. 70.

3 Vgl. Gotthold Ephraim Lessing, »Über gemischte Charaktere«, in: *Hamburgische Dramaturgie*, hrsg. und komm. von Klaus L. Berghahn, Stuttgart 1981, S. 440.

4 Friedrich Vollhardt, *Gotthold Ephraim Lessing. Epoche und Werk*, Göttingen 2018, S. 286.

Unterrichtsverlauf

Überblick. Mit der Lektüre und Untersuchung der Eröffnungs- und Schlussszene des ersten Aktes erhalten die Schülerinnen und Schüler wichtige Informationen zur Handlung, zur Zeit und zu einem der Schauplätze des Dramas. Hierbei lernen sie zentrale Verhaltensmuster und Normen der höfischen Lebenswelt kennen. Im Mittelpunkt steht die Figur des Prinzen. Sie erschließt sich der Lerngruppe in ihren Haltungen und Verhaltensweisen als »gemischter Charakter«. Die Schlussszene des ersten Aufzuges verdeutlicht, wie die leidenschaftlichen Gefühle des Prinzen gegenüber Emilia die Prinzipien der Staatsräson außer Kraft setzen.

! **Verkürzter Verlauf: 4.1 – 4.2 – 4.3 – 4.4**

Phase	Thema	Sozialform	Kompetenzen und Lernziele	Materialien
Voraussetzungen: Kenntnis des ersten Aufzugs				
4.1	Die Rolle des Prinzen im ersten Aufzug	UG	• Einen Bezug des ersten Aufzugs zu II,6 und dem Personenverzeichnis herstellen und diesen inhaltlich rekonstruieren	
4.2	Auftritt und Aufbruch des Prinzen	UG	• Die Eingangs- und Schlussszene mit verteilten Rollen lesen; ihren Inhalt sichern; Auffälligkeiten formulieren und besprechen	
4.3	Dramaturgische Kategorien: Handlung, Figuren, Ort und Zeit	PA / UG	• Expositionsinformationen ermitteln und deren Funktionen auswerten	ARBEITSBLATT 4a ➤ S. 24 TAFELBILD 4a ➤ S. 22
4.4	Der Prinz zwischen Staatsräson und Liebesbegehren	UG	• Den ambivalenten Charakter des Prinzen bestimmen	TAFELBILD 4b ➤ S. 23

4.5 **fakultativ**	Die sprachlichen Äußerungen des Prinzen als Spiegel seiner inneren Befindlichkeit	UG	• Die sprachliche Gestaltung der Szenen analysieren	
HA	Intensive Lektüre von I,6; simulierte Dramaturgie			ARBEITSBLATT 4b ➤ S. 25 *Emilia Galotti*, Reclam XL, S. 12–18

4.1 Die Rolle des Prinzen im ersten Aufzug

Unterrichtsschritt mit Erläuterungen. Ausgehend von ihrer häuslichen Lektüre des ersten Aufzugs gibt die Lerngruppe den Handlungsverlauf des ersten Aufzuges in groben Zügen wieder. Dabei wird eine inhaltliche Verknüpfung zum Personenverzeichnis und zu der zuvor behandelten Szene II,6, dem Gespräch zwischen Emilia und ihrer Mutter Claudia, hergestellt. Die Schülerinnen und Schüler erkennen vor allem, welche Motive den Prinzen dazu bewogen haben, Emilia bei ihrer Andacht in der Kirche aufzusuchen. Zudem erhalten sie erste wichtige Aufschlüsse über die Rollen und Charaktere von Marinelli, Appiani und Odoardo. UG

4.2 Auftritt und Aufbruch des Prinzen

Unterrichtsschritt mit Erläuterungen. Anschließend lesen die Schülerinnen und Schüler zur Vertiefung ihrer Lektürekenntnisse noch einmal mit verteilten Rollen die Anfangs- und Schlussszene des ersten Aktes (I,1 und I,8). Alternativ dazu können aber auch die beiden Auftritte aus der Inszenierung von Andrea Breth präsentiert werden (vgl. S. 11). Als Eckpfeiler der Exposition markieren beide Szenen im Rahmen der Bühnenhandlung die schon vollzogene Ankunft des Prinzen in seinem Kabinett und seinen plötzlichen Aufbruch. UG (Videoausschnitt)

Das anschließende Unterrichtsgespräch dient der inhaltlichen Sicherung der beiden Auftritte, soll den Schülerinnen und Schüler aber auch Raum für spontane Äußerungen geben. Gegebenenfalls werden sie deutlich machen, was ihnen beim Lesen noch unklar geblieben und was ihnen aufgefallen ist.

4.3 Dramaturgische Kategorien: Handlung, Figuren, Ort und Zeit

Unterrichtsschritt mit Erläuterungen. Die aspektorientierte Untersuchung zentraler dramaturgischer Kategorien der Eröffnungsszene (Handlung, Figuren, Ort, Zeit) erweitert und vertieft in systematischer Form die Leseeindrücke. Sie trägt damit zur Erschließung der Exposition des Dramas bei. Dazu wird das ARBEITSBLATT 4a ***Die Exposition erschließen*** in arbeitsteiliger Partnerarbeit bearbeitet. Die Ergebnisse sind zu sichten, auszuwerten und können in Form von TAFELBILD 4a festgehalten werden. PA / UG

ARBEITSBLATT 4a ➤ S. 24
TAFELBILD 4a ➤ S. 22

4.4 Der Prinz zwischen Staatsräson und Liebesbegehren

Unterrichtsschritt mit Erläuterungen. Anschließend ist der Blick der Schülerinnen und Schüler genauer auf die Figur des Prinzen zu lenken. Anhand seiner Aussagen und Verhaltensweisen stellen sie im Unterrichtsgespräch Eigenschaften und Verhaltensweisen in einer Matrix zusammen, die ihn als zwiespältige Persönlichkeit charakterisieren. Sie erkennen, dass er in seinem äußeren Auftreten vordergründig den Haltungen und Rollenvorgaben eines absolutistischen Fürsten entspricht. Er beschäftigt sich in seinem Kabinett mit Bitt- und Klageschriften, fordert Gehorsam von seinem Kammerdiener und erteilt ihm Befehle (»Ich will ausfahren. Marchese Marinelli soll mich begleiten. Lasst ihn rufen.«, S. 5, Z. 19 f.; »lasst ihn hereinkommen«, S. 6, Z. 10). Zugleich wird ihnen aber auch die Zwiespältigkeit seines Charakters deutlich. Er betreibt seine Regierungsgeschäfte nur unwillig und wenig zielorientiert und lässt sich stark von seinen Gefühlen leiten. Diese unterminieren seine Regierungsarbeit, zeigen seine Stimmungsgebundenheit und psychische Labilität. Einer unbekannten Antragstellerin gewährt er eine hohe Forderung, weil sie Emilia heißt. Diese Charak- UG

TAFELBILD 4b ➤ S. 23

TAFELBILD 4a

Dramaturgische Kategorien

	Information	Bedeutung/Funktion
Was? Handlung	Durchsicht von Briefen, Klagen und Bitten; Erinnerung an Emilia Galotti; Abwendung von Orsina	Konflikt zwischen Regierungspflichten und Liebesleidenschaft
Wer? Figuren	Hettore Gonzaga; Kammerdiener	Ambivalente Exposition des Prinzen als absolutistischer Herrscher: imperativer Umgang mit dem Bediensteten; dagegen: Abhängigkeit von Gefühlen, Stimmungen und Launen
Wo? Ort	Residenzschloss; Kabinett des Prinzen	Das Arbeitszimmer als Ort der Regierungsgeschäfte
Wann? Zeit	Morgen	Aufbruch; Neuanfang; erster Verweis auf die Einheit der Zeit
Wie? Sprachlich-szenische Darstellung	Wechsel von Monolog und Dialog; gefühlsbestimmte Sprache: Fragesätze; Ausrufe; Satzbrüche; Ellipsen; Paradoxien	Spiegel der inneren Befindlichkeit des Prinzen

tereigenschaften werden im Verlaufe des ersten Aufzuges verstärkt. Der Willkür seiner Empfindungen für Emilia unterworfen, verstößt er gegen höfische Konventionen und genügt nicht den Anforderungen der Staatsräson. Die Ergebnisse des Unterrichtsgesprächs werden in TAFELBILD 4b festgehalten.

4.5 Die sprachlichen Äußerungen des Prinzen als Spiegel seiner inneren Befindlichkeit (fakultativ)

UG

Unterrichtsschritt. Die Behandlung der Schlussszene setzt die Kenntnis des ersten Aufzugs voraus. Sie soll weitere Aspekte und Kriterien für die Charakterisierung des Prinzen erbringen und in diesem Zusammenhang das Spannungsfeld von Pflicht und Leidenschaft, in dem er sich bewegt, kenntlich machen. In dieser Hinsicht hat sie einen ergänzenden und resümierenden Charakter. Am Ende des ersten Aufzuges spitzt sich der die Eröffnungsszene bestimmende Kontrast von Regierungsgeschäften und Liebesbegehren in dramaturgischer Hinsicht noch einmal gefährlich zu. Wie schon in der Eröffnungsszene erledigt auch hier der Prinz seine Regierungsgeschäfte so, wie es seine Gefühle ihm gebieten. Der Prinz, ganz der Willkür seiner Leidenschaft für Emilia unterworfen, will bedenkenlos im Weggehen ein Todesurteil unterzeichnen. Wie Lessing solche Gewissenlosigkeit durch die sprachliche Gestaltung der Szene sprachlich veranschaulicht, soll im Unterrichtsgespräch durch die Gegenüberstellung von I,1 und I,8 erarbeitet werden.

Erläuterungen. Die Rede des Prinzen drängt hier zur äußersten Verdichtung und Verknappung, tendiert zu Lakonismen (»Was ist sonst? Etwas zu unterschreiben?«, S. 19, Z. 25), zu elliptischen Sätzen, Satzbrüchen, hektischen Wortwiederholungen (»Kommen Sie, Rota, kommen Sie«, S. 19, Z. 14) und – wie schon in der ersten Szene – zu sich zuspitzenden Paradoxien (»Aber doch – die Sache ist keine Kleinigkeit – Lassen Sie die Ausfertigung noch anstehen. – Oder auch nicht anstehen: wie Sie wollen«, S. 19, Z. 21–23). Sie sind sprachliche Reflexe seines emotional überlagerten Bewusstseins, das die Prinzipien kühler, beherrschter Regierungsarbeit längst suspendiert hat. Sie spiegeln seine Unruhe und Unausgeglichenheit.

TAFELBILD 4b

Der zwiespältige Charakter des Prinzen

Auftritt	Gefühle	Staatsgeschäfte
I,1	• traurige, belastende Geschäfte • entzündet von Liebesleidenschaft zu Emilia • spontane Gewährung einer Forderung aufgrund von Namensgleichheit • unruhig, sucht Zerstreuung • widersprüchlich in seiner Haltung zur Ankunft Orsinas in der Stadt • schwankend in seinen Gefühlen für Orsina in Vergangenheit und Gegenwart	• flüchtige Prüfung von Briefschaften und Papieren • Unterschreiben einer Bittschrift • Erteilen von Befehlen • Audienz gewähren
I,8	• eilig, um Emilia in der Kirche zu treffen • gedankenlose Übergabe von Schriften an Rota • hektisch • leichtfertig	• Delegierung von Regierungsgeschäften an den höfischen Rat • bereit, ein Todesurteil in der Funktion des Richters zu unterzeichnen
	Stimmungen und Empfindungen – überlagern →	politische Entscheidungen und Handlungen
	Gefühle – verstoßen gegen →	höfische Konventionen und Maximen absolutistischer Herrschaft

Hausaufgabe

ARBEITSBLATT 4b
➤ S. 25

Intensive Lektüre von I,6 (*Emilia Galotti*, Reclam XL, S. 12–18). Simulierte Dramaturgie: Bearbeitung von ARBEITSBLATT 4b ***Casting Marinelli***.

ARBEITSBLATT 4a

Die Exposition erschließen

	Informationen	Bedeutung/Funktion
Was? Handlung		
Wer? Figuren		
Wo? Ort		
Wann? Zeit		
Wie? Sprachlich-szenische Gestaltung		

Arbeitsauftrag:
Welche Informationen entnehmen Sie der Eröffnungsszene des Stückes? Tragen Sie diese in die entsprechenden Kästchen der Tabelle ein und bestimmen Sie deren Bedeutung und Funktion.

ARBEITSBLATT 4b

Casting Marinelli

Sie sind Regisseur bzw. Regisseurin und wollen die Szene I,6 aus Gotthold Ephraim Lessings Trauerspiel *Emilia Galotti* inszenieren. In einer ersten Vorstellungsphase suchen Sie einen geeigneten Schauspieler für die Besetzung der Rolle des Marinelli.

1. Entwickeln Sie im Rahmen eines von Ihnen initiierten Castings ein Anforderungsprofil, damit sich geeignete Schauspieler für die ausgeschriebene Rolle bewerben können.

....

....

....

....

....

....

2. Sie sind Schauspieler bzw. Schauspielerin und bewerben sich um die Rolle Marinellis.
Wie würden Sie beim Casting die Wahl Ihrer Rolle begründen? Wie stellen Sie sich die Rolle vor (Aussehen, Kostüm, Frisur, Charakter der Figur etc.)? Welche Haltungen und Verhaltensweisen sollte Marinelli zeigen?

....

....

....

....

....

....

3. Sie werden gebeten, eine bestimmte Textstelle aus dem Dialog der beiden Figuren auszusuchen und kurz vorzuspielen? Welche Textstelle würden Sie auswählen? Warum?

Textstelle:

....

....

....

....

....

....

5 Intrige und Laster als Bestimmungsmerkmale der höfischen Welt erkennen (I,6)

Sachanalyse

Lessings Drama bietet – verglichen mit der sozialpolitischen Realität im 18. Jahrhundert – ein vereinfachtes Gesellschafts- und Staatsmodell, das charakteristisch ist für den Statusaufbau einer deutschen Residenzstadt. Ihm ist es wichtig, nicht das institutionelle und organisatorische Sozialgefüge des absolutistischen Staates insgesamt in Frage zu stellen, sondern, den antihöfischen Diskurs seiner Zeit aufnehmend, die personalen Herrschafts- und Abhängigkeitsverhältnisse zwischen Regent und Untertan in einzelnen Szenen kritisch zu beleuchten. Deutlich wird dies bereits in den beiden Szenen, die den ersten Akt des Stückes rahmen. Hettore besitzt als Fürst unbeschränkte Verfügungsgewalt über die Bediensteten am Hof, darüber hinaus ist er auch Herr über die Gerichtsbarkeit. Diese handhabt er nach Launen des Augenblicks. Sein Desinteresse an der höfischen Bürokratie und seine empfindsamen Haltungen machen ihn abhängig von seinen Günstlingen und Ratgebern. Ihren Charakterdispositionen und Interessen obliegt es, in welche Richtungen die Entscheidungen und Maßnahmen des Hofes zielen. Das zeigt sich insbesondere an den unterschiedlichen Rollenbildern und Aktionen von Camillo Rota und Marinelli. Der eine bewahrt im entscheidenden Augenblick aus Verantwortungsgefühl ein Menschenleben vor dem sicheren Tod; der andere fädelt in skrupelloser Weise eine tödliche Intrige ein. Welche Merkmale die höfische Welt und ihre Verhaltensformen prägen, zeigt sich im Verlaufe des ersten Aufzuges vor allem in der Begegnung des Prinzen mit Marinelli in I,6.

Anders als der Prinz ist sein Kammerherr Marinelli – die Namensähnlichkeit mit Nicolo Machiavelli, dem kanonischen Theoretiker einer außermoralischen, strategisch ausgerichteten Machtpolitik des Fürsten ist von Lessing sicherlich intendiert – reiner Repräsentant höfischer Verhältnisse. Er »versteht sich meisterlich auf die Kunst des Möglichen. Jeder Zweck, den der Herrscher bestimmt, heiligt jedes Mittel, auf das der dienstbare Verstand verfällt.«[1] Verschlagen und intrigant, verkörpert er den Typus des schneidigen und servilen Höflings, dessen Handeln darauf zielt, die Macht des Fürsten aufrechtzuerhalten. Seine Mittel reichen von der Intrige über Informationsverdrehungen und Lügen, über reaktionäres Standesdenken und die strikte Einhaltung höfischer Etikette bis zum Mordauftrag. Für ihn sind Menschen berechenbare, fungible Objekte in einem strategischen politischen Spiel, das durch den Machtkalkül bestimmt ist. Deren Gefühle zählen für ihn nicht. Im Rahmen seiner engen höfischen Vorstellungen von Konvenienzehe und Mätressentum sind Empfindungen für ihn nur lästige Begleiterscheinungen, die die glatte Funktionalität des Hoflebens stören und, wenn sie wie im Falle Appianis zur Mesalliance führen, die Karriere am Hofe zunichtemachen. So zeigt er sich überrascht, als er in der morgendlichen Begegnung mit dem Prinzen von dessen Liebe zu Emilia erfährt. Da er nur in Kategorien des höfischen Reglements denkt, ist es für ihn unverständlich, ja geradezu absurd, dass sein Fürst Empfindungen für ein Mädchen aus dem niederen Landadel hegt. Wenn es um Fragen höfischer Rangordnung geht, sind solche Gefühle für ihn kontraproduktiv.

Die Szene I,6 bedeutet das eigentliche Initiationsmoment der dramatischen Handlung des Stückes. Hier wird nicht nur der den Prinzen belastende innere Konflikt zwischen den höfischen Anforderungen und seinen individuellen Empfindungen nach außen projiziert, sondern zugleich die sich schrittweise entwickelnde Bereitschaft des Höflings, das aus der unmittelbar bevorstehenden Hochzeit Emilias mit dem Grafen Appiani resultierende Problem durch Einfädelung einer Intrige zu lösen. Aus einem unverfänglichen Beginn heraus nimmt der Dialog zwischen dem Prinzen und Marinelli (»Was haben wir Neues, Marinelli?«, S. 12, Z. 23) zunächst etwas umständlich, dann aber zunehmend temporeicher Fahrt auf. Solange sich die Unterredung nur um die Gräfin Orsina und die bevorstehende Hochzeit des Grafen Appiani dreht, hat sie retardierenden Charakter. Dabei zieht der Prinz seinen Kammerherrn durchaus ins Vertrauen, klagt darüber, wie sehr ihm das höfische Zeremoniell, in dem nach seiner Auffassung »der Zwang, die Langeweile, und nicht selten die Dürftigkeit herrschet« (S. 15, Z. 1 f.), zuwider ist. Erst in dem Augenblick, in dem der Prinz in insistierender Weise den Namen der Braut erbittet und von Marinelli erfährt, dass es sich um Emilia handelt, erreicht die Szene ihren Kulminationspunkt. Die Fortsetzung ihres Dialogs hat danach nahezu stichomythischen Charakter. Der Prinz will die Mitteilung Marinellis zunächst nicht wahrhaben, glaubt an eine Verwechslung, muss dann aber die Realitäten anerkennen. Die Nachricht von der unmittel-

1 Hugh Barr Nisbet, *Lessing. Eine Biographie*, aus dem Engl. übers. von Karl S. Guthke, München 2008, S. 655.

bar bevorstehenden Hochzeit macht ihn fassungslos. In einer Mischung aus Verzweiflung und Wut beschuldigt er Marinelli, ihn hintergangen zu haben, da er ihn auf diesen Sachverhalt nicht rechtzeitig hingewiesen habe. Von diesem Zeitpunkt an gewinnt Marinelli die Oberhand im Gespräch. Zynisch, allerdings nicht ohne bildhaften Witz, rät er dem Prinzen, Emilia aus zweiter Hand zu kaufen, da »solche Waren nicht selten aus der zweiten [Hand] um so viel wohlfeiler« (S. 17, Z. 17 f.) seien. Danach überlässt der Prinz dem Marchese die Initiative, gibt sich völlig in seine Hand. Dieser soll für ihn »denken« (S. 17, Z. 24 f.), damit der »Streich« (S. 18, Z. 1) abgewendet werden kann. Und Marinelli lässt sich das, was er in Szene zu setzen gedenkt, ausdrücklich vom Prinzen genehmigen. Der Prinz solle, so sein Rat, Appiani vom Hof entfernen und ihn als Gesandten nach Massa schicken. Dabei lässt er offen – der unmittelbare Abbruch seiner Rede signalisiert es (»so denk ich«, S. 18, Z. 7) –, was er beabsichtigt, wenn Appiani dem Auftrag des Prinzen nicht nachkommt. Die Intrige, die er plant, ist indes nicht das Moment im Handlungsverlauf, das die Katastrophe herbeiführt. Eingeleitet wird diese paradoxerweise dadurch, dass der Prinz anschließend (II,7) den Entschluss fasst, Emilia in der Dominikanerkirche abzupassen, und damit die Planung Marinellis durchkreuzt.

Unterrichtsverlauf

Überblick. In Auseinandersetzung mit Szene I,6 gewinnen die Schülerinnen und Schüler einen Überblick über die politischen und sozial-kommunikativen Verhältnisse am Hofe im 18. Jahrhundert. Zugleich erarbeiten sie mit der Charakterisierung Marinellis, der im Stück die Prinzipien der höfischen Welt verkörpert, Erkenntnisse über den Typus und die dramaturgische Funktion des Intriganten. Im Rückgriff auf sozial- und kulturhistorische Darstellungen zum 18. Jahrhundert werden schließlich Thesen entwickelt, die einen Vergleich der fiktionalen Welt mit der historischen Bezugsrealität ermöglichen.

Phase	Thema	Sozialform	Kompetenzen und Lernziele	Materialien
Voraussetzungen: Kenntnis der Szene I,6, Erarbeitung von ARBEITSBLATT 4b				
5.1	Das Gespräch des Prinzen mit Marinelli	UG	• Den inhaltlichen Verlauf der Szene rekonstruieren und die Konfliktlage des Prinzen erkennen	
5.2	Der Intrigant Marinelli	UG	• Haltungen und Verhaltensweisen im Rahmen simulierter Dramaturgie charakterisieren und anhand zentraler Textstellen erläutern	ARBEITSBLATT 4b ➤ S. 25
5.3	Absolutistische Regierungsform und höfisches Leben	EA / GA	• Den sozialhistorischen Kontext der Szene untersuchen	ARBEITSBLATT 5 ➤ S. 29–31
5.4	Darstellung und Kritik der höfischen Lebensform in Lessings Drama	UG	• Darstellung und Kritik der höfischen Lebensverhältnisse nachvollziehen und beurteilen	*Emilia Galotti*, Reclam XL, S. 5–20
HA	Vorbereitende Lektüre des zweiten Aufzugs			*Emilia Galotti*, Reclam XL, S. 21–39

5.1 Das Gespräch des Prinzen mit Marinelli

Unterrichtsschritt. Der inhaltliche Verlauf der Szene, das Gespräch des Prinzen mit Marinelli, wird in seiner Phasenstruktur rekonstruiert. Dabei soll vor allem die komplizierte Konfliktlage, in der sich der Prinz befindet, fokussiert werden: Im Interesse des Staates und aus Gründen der Staatsräson soll er die Prinzessin von Massa heiraten. Die Gräfin Orsina will er als Mätresse verabschieden. Und Emilia, in die er sich verliebt hat, kann er nicht gewinnen, weil diese noch am selben Tag den Grafen Appiani heiraten soll. UG

5.2 Der Intrigant Marinelli

UG

Unterrichtsschritt. Die Schülerinnen und Schüler präsentieren ihre Anforderungsprofile, die sie in häuslicher Arbeit für die Rolle Marinellis im ARBEITSBLATT 4b entwickelt haben, und diskutieren über geeignete Entscheidungskriterien für die Besetzung der Rolle.

ARBEITSBLATT 4b
➤ S. 25

Erläuterungen. Das Vorgehen orientiert sich am didaktischen Konzept simulierter Dramaturgie und zielt darauf, die Rolle des Intriganten Marinelli als Bühnenfigur zu exponieren. Die Auswahl und Präsentation von möglichen Textstellen, die zur Charakterisierung Marinellis beitragen könnten, lenken die Aufmerksamkeit der Lerngruppe erneut auf die Verlaufsstruktur der Szene und fokussieren mögliche Wendepunkte, die genauer untersucht werden.

5.3 Absolutistische Regierungsform und höfisches Leben

EA / GA

ARBEITSBLATT 5
➤ S. 29–31

Unterrichtsschritt mit Erläuterungen. Die Haltungen und Verhaltensweisen Hettores und Marinellis in der Szene I,6 werden der Lerngruppe verständlich, wenn man ihren sozialpolitischen Hintergrund eingehend untersucht. Dies soll in Form materialgestützten Schreibens geleistet werden (ARBEITSBLATT 5 ***Höfische Verhältnisse***). Anhand von drei Textausschnitten und einer Grafik sollen die Schülerinnen und Schüler Informationen zu den höfischen Verhältnissen in der zweiten Hälfte des 18. Jahrhunderts einholen, diese erläutern und in einen Zieltext transformieren, der abschließend dem Plenum in Form eines Thesenpapiers vorgestellt wird. Dieses sollte Informationen und erläuternde Hinweise zur absolutistischen Regierungsform, zur Ständegliederung als Faktor der staatlichen und sozialen Ordnung, zu höfischen Lebensformen, zur Rolle des Fürsten und seiner Höflinge sowie zum Status des Künstlers am Hof enthalten.

5.4 Darstellung und Kritik der höfischen Lebensform in Lessings Drama

UG

Unterrichtsschritt. Die Schülerinnen und Schüler binden die Erkenntnisse, die sie in Bezug auf die höfische Lebenswelt gewonnen haben, an Lessings Drama zurück und prüfen, inwieweit die in den Sekundärtexten dargestellten sozialpolitischen Verhältnisse mit der vom Dichter fingierten höfischen Lebenswelt übereinstimmen. Neben dem Gespräch zwischen dem Prinzen und Marinelli in I,6 sind auch die anderen Auftritte des ersten Aufzugs in die Untersuchung einzubeziehen. Aufs Ganze gesehen wird deutlich, dass Lessings Stück die höfische Lebenswelt im 18. Jahrhundert in modifizierter Form wiedergibt.

Erläuterungen. Der Prinz entspricht dem Bild des absolut regierenden Monarchen. Er erteilt die Befehle, willkürlich behandelt er Bitt- und Klageschriften und hat in Gerichtssachen die Entscheidung über Leben und Tod. Im Gespräch mit seinem Kammerherrn reklamiert er ein privilegiertes Rederecht für sich (»Ich habe zu fragen, Marinelli, nicht Er«, S. 15, Z. 20). Wenn es darum geht, seine persönlichen Interessen durchzusetzen, schreckt er auch vor Machtmissbrauch nicht zurück. Gleichwohl ist er kein strategisch handelnder Machtpolitiker. Seine Gefühle und Stimmungen machen ihn abhängig von Marinelli, der sich ihm sogleich, um sein Wohlwollen zu gewinnen, als versierter Handlanger anbietet, dabei aber durchaus eigene Interessen verfolgt, nämlich dem ihm unsympathischen Appiani, mit dem er um die Gunst des Herrschers am Hofe konkurriert, Schaden zuzufügen.

Allerdings zeigen die Figuren Appiani und Camillo Rota, dass sich höfisches Leben nicht auf perfides Intrigantentum reduzieren lässt. »Sich bücken, schmeicheln und kriechen« (S. 25, Z. 31 f.) liegt ihnen fern. In ihren Haltungen und Verhaltensweisen, in ihrer Aufrichtigkeit und ihrem Verantwortungsgefühl unterscheiden sie sich von den Heucheleien und Machenschaften Marinellis.

Hausaufgabe

Vorbereitende Lektüre des zweiten Aufzugs (*Emilia Galotti*, Reclam XL, S. 21–39).

Höfische Verhältnisse

Roland Asch: Hof

»Der Herrscherhof der frühen Neuzeit ist in seinem Kern die Haushaltung des Fürsten, erweitert um jene Personen, die etwa anlässlich bestimmter Ereignisse (z. B. höfischer Feste) oder aufgrund besonderer Privilegien Zugang zur Residenz des Monarchen hatten. Der Hof ist zugleich ein kulturelles Milieu, das informelle Zentrum politischer Entscheidungen, ein großer Patronagemarkt und vor allem der Ort der Begegnung zwischen Herrscher und politisch-sozialer Elite, bei alledem jedoch weniger eine Institution als ein lockerer Verband von Personen.«

Roland Asch: Hof. In: Lexikon der Aufklärung. Deutschland und Europa. Hrsg. von Werner Schneiders. München: Beck, 2001. S. 180.

Rolf Grimminger: Der höfische Absolutismus

»Dem Begriff nach gilt jede monarchische Regierung als absolutistisch, die in der Ausübung ihrer Gewalt nicht an die Mitwirkung oder Zustimmung einer Landesvertretung oder anderer autonomer Körperschaften gebunden ist. […]

Als ›höfisch absolutistisch‹ gilt die Regierungsform der deutschen Fürsten vom Ende des Dreißigjährigen Krieges bis zum Regierungsantritt Friedrichs II. (1740). Freilich ist der Hof bereits vorher das politische Zentrum des Territorialstaates, auch lebt der höfische Absolutismus noch während des gesamten 18. Jahrhunderts in den kleinen Territorien weiter […].

Der höfische stützt sich ebenso wie der spätere aufgeklärte Absolutismus auf die Institutionen der Staatsmacht: auf das stehende Heer, die Verwaltungsbürokratie und das Steuersystem zur Dauerfinanzierung der Staatskosten. Im Unterschied zu später sind die Institutionen aber verhältnismäßig unterentwickelt, nämlich sowohl in ihrer Größe überschaubar als auch in ihrer Binnenstruktur ziemlich einfach auf den Hof ausgerichtet. Der Fürst regiert sie in unmittelbar patriarchalischer Herrschaft, die mit wachsender Entfernung vom Hof spürbar abnimmt. Ungebrochen existiert der höfisch absolutistische Machtstaat also nur auf einer hohen Ebene der zentralen politischen Willensbildung am Hof, auf regionaler und lokaler Ebene dagegen bleiben die privilegierten Herrschaftsstände vor allem des Adels neben einer ökonomischen und sozialen auch eine politische Macht ersten Ranges. Die Begrenzung des Staatsapparates und der absolutistische Herrschaftsanspruch ermöglichen es, den Staat mit der Person des Fürsten nach dem Vorbild Ludwigs XIV. gleichzusetzen. Er repräsentiert ihn vollkommen, und er legitimiert dies auf mehrfache Weise. […] Der Fürst ist politischer Stellvertreter Gottes auf Erden, und seine christlich fürsorgende Herrschaft […] hat den Endzweck, deren ständig gefährdeten Frieden zu sichern.

Eine weitere Legitimation liefert der Hof. Er ist nicht nur politische Zentrale, unmittelbarer Machtbereich des Fürsten, Geburtsstätte von Herrschaft überhaupt, sondern er verkörpert auch einen neuen Typ der repräsentativen Gesellschaft. Der Ausbau des Hofs und der höfischen Staatsgesellschaft, der sich u. a. in der regen Bautätigkeit der absolutistischen Fürsten […] verfolgen lässt, verändert die traditionale Hierarchie der Ständegesellschaft […]. [Die Aristokratie] wird mit dem Zweck an den Hof gebunden, sie politisch zu domestizieren. […]

Die Aura des Hofs lebt vom Glanz des absolutistischen Fürsten von Gottes Gnaden, von seiner gleichsam göttlichen Allmacht, die für jedermann in erhabenen Ritualen kunstvoller Verschwendung sinnlich erfahrbar ist, in der prunkenden Überwindung auch nur des Gedankens an die Möglichkeit materieller Not. Höfischer Prunk, höfisches Fest und ständige Verschwendung sind sowohl exklusive als auch rational-zweckmäßige Herrschaftsmittel des Fürsten, sie signalisieren seine unvergleichliche Überlegenheit. Deren Glanz beleuchtet auch jene, die in der ›Nähe seines Thrones‹ leben. Derart trennt sich die höfische Staats- von der nichthöfischen Privatgesellschaft ab.«

Rolf Grimminger: Der höfische Absolutismus. In: Hansers Sozialgeschichte der deutschen Literatur vom 16. Jahrhundert bis zur Gegenwart. Bd. 3: Deutsche Aufklärung bis zur Französischen Revolution. 1660–1789. Hrsg. von R. G. Bd. 1. München: Hanser, 1980. S. 73–76 [Ausschnitte].

Hauptgruppen im Statusaufbau einer Residenzstadt im 18. Jahrhundert

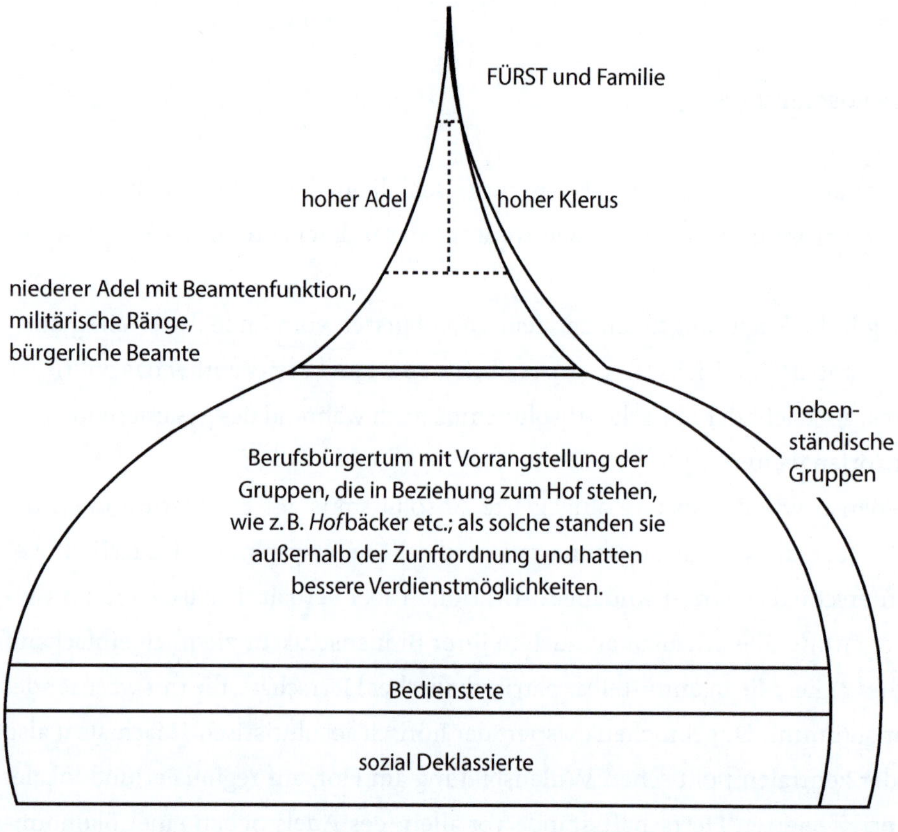

Nach: Wilfried Barner [u. a.]: Lessing. Epoche – Werk – Wirkung. München: Beck, [6]1998. S. 54.

Barbara Stollberg-Rilinger: Höfische Selbstdarstellung und Hofkritik

»Die bedeutendsten Orte standesgemäßen adligen Lebens waren im 17. und 18. Jahrhundert die Höfe, ursprünglich die erweiterten Haushalte der Monarchen und Fürsten, inzwischen Zentren der staatlichen Regierung und Verwaltung, der aristokratischen Kultur und monarchischen Selbstdarstellung. Aus verschiedenen Gründen war es für den Adel immer attraktiver geworden, sich zeitweise oder dauernd in der Residenz des eigenen oder eines fremden Monarchen aufzuhalten. Dort wurden nicht nur Ämter und Pensionen vergeben, Titel und Würden zugeteilt, dort war man nicht nur der Macht am nächsten und konnte den größten Einfluss gewinnen, sondern dort entfaltete auch das adlige Leben seinen strahlendsten Glanz, dort musste man anwesend sein, wenn man im vollen Sinne dazugehören wollte. Große und kleine Fürsten wetteiferten in ganz Europa miteinander um die großartigsten Schlossbauten, die aufwändigsten Feste, die glänzendsten Künstler und die berühmtesten Wissenschaftler. Künste und Luxushandwerke entfalteten sich durch das großzügige Mäzenatentum der Höfe zu äußerster Blüte. Auch Dichter und Musiker standen im Dienst der Fürsten und versorgten die höfische Gesellschaft zu allen Anlässen mit den passenden Reden und Gedichten, Schauspielen und Opern. Die größte Ausstrahlung ging in dieser gemeineuropäischen höfischen Kultur auch im 18. Jahrhundert immer noch von Frankreich aus. Doch das ehemals unangefochtene Zentrum, der Hof des Sonnenkönigs in Versailles, büßte seit Beginn des 18. Jahrhunderts an Ausstrahlung ein; die Autorität in allen Fragen des Kunstgeschmacks und des guten Tons verlagerte sich mehr und mehr zurück nach Paris, in die adligen Stadtpalais und Salons.

Das höfische Leben erlaubte keine Privatheit; der Monarch, seine Familie und seine ganze Umgebung standen ständig unter dem Zwang, den eigenen Status angemessen zu repräsentieren – voreinander, vor den anderen Höfen und vor den Untertanen. Die strenge Zeremonialisierung des Alltags, der permanente Müßiggang, die stetige Konkurrenz der Höflinge um den größten Einfluss auf den Monarchen, all das beförderte ein Klima der Intrige, der Verstellung und der Heuchelei – so sahen es jedenfalls die Hofkritiker, und zwar nicht erst im 18. Jahrhundert. Dem Ideal des Höflings, der seine Gefühle klug zu verbergen weiß und dem die Kunst der Verstellung zur anmutigen zweiten Natur geworden ist, wurde das Ideal des zurückgezogenen, selbstgenügsamen und aufrichtigen Landedelmanns schon seit der Renaissance entgegengehalten. Im 18. Jahrhundert allerdings machten sich manche Monarchen solche Kritik selbst zu eigen; Friedrich der Große und Joseph II. sind die berühmtesten Beispiele. An ihren Höfen wurde der repräsentative Aufwand reduziert und der zeremonielle Zwang gelockert. Wertmaßstäbe machten sich geltend, die gemeinhin als bürgerliche gelten.

Aus der Sicht der Kritiker erschien das Hofleben sowohl wirtschaftlich als auch moralisch verwerflich. Müßiggang und demonstrative Verschwendung, erotische Libertinage, getrennte Sphären der Eheleute, Kinderaufzucht durch Bedienstete, verfeinerte und zeremoniell stilisierte Formen des Umgangs, ja schon das äußere Erscheinungsbild des Höflings, all das wurde nun als un*vernünftig* und un*natür*lich verworfen. Die Werte, die dem entgegengehalten wurden, hießen Fleiß, Sparsamkeit und Gewissenhaftigkeit des Wirtschaftens, Keuschheit und Intimität des Familienlebens, Aufrichtigkeit und Ernsthaftigkeit des Umgangs, Bescheidenheit und Schlichtheit des äußeren Auftretens. Die Repräsentationskultur des Hofes galt als falscher, bloß äußerlicher Schein, dem man allerdings eine politische Funktion zubilligte – die einfachen Untertanen müssten sinnlich beeindruckt werden, um desto williger zu gehorchen, so hieß es. Im Selbstgefühl ›wahrer‹, ›innerer‹ Tugenden glaubte man hingegen auf solch äußeres ›Blendwerk‹ verzichten zu können. Die Kritik am höfischen Lebensstil diente den Bürgern zur moralischen Aufwertung ihrer eigenen Lebensweise, die ganz andere Tugenden erforderte.«

Barbara Stollberg-Rilinger: Die Aufklärung. Europa im 18. Jahrhundert. Stuttgart: Reclam, [4]2017. S. 81–85.

Arbeitsauftrag:

Verfassen Sie auf der Grundlage der vorliegenden Materialien für Ihren Kurs einen informierenden Text zum Thema:

»Welche politischen Strukturen und sozialen Lebensformen bestimmen die höfischen Verhältnisse in einer Residenzstadt im 18. Jahrhundert?«

Präsentieren Sie ihn in Form eines Thesenpapiers.

6 Die Lebensformen und Werte der bürgerlichen Familie untersuchen (II,2 und II,4)

Sachanalyse

Im Rahmen der in den bürgerlichen Trauerspielen thematisierten Familienverhältnisse kommt der Vater-Tochter-Beziehung und der aus ihr resultierenden zwischenmenschlichen Probleme und existenziellen Konflikte ein besonderer Stellenwert zu. Ausgelöst werden sie zumeist dadurch, dass von außen, zumeist aus dem höfischen Lebensbereich, Personen in den schützenden Lebenszusammenhang der Familie einzudringen versuchen, die die moralische Integrität und soziale Identität des bürgerlichen Hauses massiv bedrohen. Wie die bürgerliche Familie auf die inneren Herausforderungen und äußeren Gefährdungen reagiert, wird im gesamten zweiten Aufzug deutlich.

Mit dem Beginn des zweiten Aktes wechselt die Szenerie in Lessings Drama. Hier wird die Exposition fortgesetzt. Weitere für die Konfliktgestaltung im Drama wichtige Voraussetzungen erschließen sich dem Publikum. Mit dem höfischen Geschehen im Palast des Prinzen (1. Akt) kontrastiert die private Handlung im Stadthaus der Galottis (2. Akt). Dieser Ort ist ambivalent zu sehen: Einerseits ist er Teil der Residenzstadt, integriert in die höfische Lebenswelt, also auch deren Einflüssen ausgesetzt, andererseits fungiert er als Wohnung der Galottis in der Stadt, bietet Mutter und Tochter eine Art familiäres Refugium, in dem – jenseits höfischer Kontrolle und Machtansprüche – private Ansichten und Erfahrungen ausgetauscht werden können. Hier führen also die Mitglieder der Familie Galotti, aufgrund des militärischen Rangs des Vaters im niederen Adel angesiedelt, ein vom Hof unabhängiges, materiell abgesichertes bürgerliches Leben mit einem spezifischen Wert- und Verhaltenskodex. Exemplarisch wird dieses in den beiden Gesprächen von Claudia und Odoardo in II,2 und II,4 vorgestellt.

Odoardos überraschender Besuch in der Stadt ist nicht zufällig. Es geht ihm nicht nur darum, den Stand der häuslichen Hochzeitsvorbereitungen zu überprüfen. Die innere Unruhe, die Sorge um Emilia (»Wo ist Emilia?«, S. 21, Z. 23), hat ihn dazu veranlasst, sein Landgut in Sabionetta zu verlassen. Sein freundliches, rücksichtsvolles Verhalten gegenüber seiner Frau (»Guten Morgen, meine Liebe!«, S. 21, Z. 14) kann nicht über sein vorurteilsbehaftetes Misstrauen gegenüber dem Ausbleiben der Tochter hinwegtäuschen. Hier spielt er sich zum patriarchalischen Tugendwächter der Familie auf, will sie kontrollieren und selbst ihren Gang zur Kirche überwacht sehen. Mit der Heirat Emilias sieht er sein eigenes Lebenskonzept bestätigt. In dem künftigen Schwiegersohn Appiani glaubt er die von ihm repräsentierte familiale Lebensform genealogisch fortsetzen zu können. So weist er Claudias Klage über den bevorstehenden Verlust der Tochter harsch zurück und wirft ihr vor, dass für sie ihr Vergnügen an Emilia mehr bedeute als das Eheglück, was Emilia mit Appiani jenseits des Hofes in der Einsamkeit der fernen Täler von Piemont erwarte. Doch dieser Vorwurf fällt auf ihn selbst zurück: »Denn sein ›Vergnügen‹ an Emilia gründet ja nicht vornehmlich im personalen Umgang mit ihr, sondern darin, dass sie in ihrer Heirat seine Vorstellungen von einer gesellschaftsabgewandten Familienordnung realisiert«.[1]

Odoardo ist der Aufenthalt von Frau und Tochter in der Stadt ein Dorn im Auge. Die Stadt und die mit ihr verbundene Lebensform werden von ihm abgelehnt und, wenn es nur eben geht, strikt gemieden. Nur widerwillig hat er seiner Frau und Tochter die Stadtwohnung zugestanden. Der Hof gilt ihm als Ort der Intrige und der Verstellung, des Lasters und der Gefährdung. Deshalb hat er sich auf sein Landgut nach Sabionetta zurückgezogen, einer Stätte, die – wie er fest glaubt – der Verwirklichung seiner Vorstellungen von einem selbstbestimmten, moralisch intakten Leben am besten gerecht wird. Wegen der räumlichen Trennung von Mutter und Tochter kann er seinen familiären Pflichten, zumal seinen Erziehungsaufgaben, nicht mehr gerecht werden. Diese liegen überwiegend in den Händen seiner Frau. Die Familie erscheint von Beginn an halbiert. Das große Misstrauen, das Odoardo gegenüber dem Lebens- und Erziehungsstil seiner Frau hat, zeigt die innere Brüchigkeit der Familie (»Du möchtest meinen alten Argwohn erneuern: – dass es mehr das Geräusch und die Zerstreuung der Welt, mehr die Nähe des Hofes war, als die Notwendigkeit, unserer Tochter eine anständige Erziehung zu geben, was dich bewog, hier in der Stadt mit ihr zu bleiben«, S. 25, Z. 11–16).

Zwar muss er zugestehen, dass erst der Aufenthalt in der Stadt es möglich gemacht hat, dass Emilia und der Graf Appiani sich hier kennen und lieben gelernt haben. Doch damit ist seine Skepsis noch lange nicht beseitigt. Sein Misstrauen flammt erneut auf, als

1 Günter Saße, *Die aufgeklärte Familie. Untersuchungen zur Genese, Funktion und Realitätsbezogenheit des familialen Wertsystems im Drama der Aufklärung*, Tübingen 1988, S. 195.

Claudia ihm von einer Begegnung Emilias mit dem Prinzen anlässlich einer Abendgesellschaft im Hause des Kanzlers Grimaldi berichtet und dabei erwähnt, dass der Prinz, bezaubert von der »Munterkeit«, dem »Witz« und der »Schönheit« Emilias, sich lange mit ihr unterhalten habe. Unterschwellig wird in seiner Reaktion auf diese Schilderung seiner Frau der Vorwurf deutlich, dass sie damit die von ihm geforderte Mitteilungspflicht versäumt habe. Seine Sorge und sein Misstrauen in dieser Situation kontrastieren allerdings mit seinem Entschluss, nicht länger zu bleiben und die Ankunft der Tochter nicht abzuwarten. Wäre er geblieben, so hätte er frühzeitig von der Begegnung des Prinzen mit Emilia in der Kirche erfahren.

Lessing verfolgt mit der Exposition der bürgerlichen Familie im zweiten Akt zwei Absichten: Zum einen hat sie die Funktion, die Wertvorstellungen der bürgerlichen Familie im Kontrast zum höfischen Verhaltenskodex darzulegen. Für den Hausvater Odoardo ist die Familie der Ort, dessen Moralität vor der lasterhaften Welt des Hofes geschützt werden muss, am besten dadurch, dass sie fern der Residenzstadt auf dem Land leben soll.

Zum anderen zeigt Lessing die inneren Verwerfungen, ja Gespaltenheit der Familie. Der Vater lebt getrennt von Mutter und Tochter auf seinem Landgut in Sabionetta, partizipiert kaum an der Erziehung Emilias. Schwankend zwischen den Rollen des fürsorglichen und liebenden Vaters (vgl. S. 25, Z. 16 f.) und des rigiden Tugendwächters, für den jeder Schritt der Tochter das Risiko eines Fehltritts in sich birgt, ist seine Beziehung zu den Erziehungsvorstellungen seiner Frau durch Misstrauen geprägt.

In der Konfrontation von bürgerlicher Familie und höfischer Lebenswelt sowie im sozialen Spannungsfeld der Familie selbst werden *pars pro toto* die zentralen Problemfelder des Stückes sinnfällig: »Die bürgerliche Familie bietet zwar potenziell die Grundlage für die Abgrenzung gegenüber den Erzgegnern, den Höflingen. Doch die dabei zutage tretenden Unterschiede, ja Spannungen zwischen Vater und Mutter, zwischen unerbittlicher Frontstellung und nachgiebigem Liebäugeln mit der Gunst des Höheren verrät die Anfälligkeit der scheinbar festgefügten Viererbeziehung, zumal sich die männlichen Vertreter Odoardo und Appiani in ihrem fraglos festgefügten Verhältnis zueinander einer ebenso verlässlichen Partnerschaft auf Seiten der beiden Frauen nicht sicher sein können. Dass die eine sich vom Hof affiziert, die andere zumindest irritiert fühlt, zeigt von Anfang an die akute Bedrohtheit einer Familie, deren Stärke nur auf Gemeinsamkeit und Geschlossenheit basieren könnte.«[2]

2 Peter Pütz, *Die Leistung der Form. Lessings Dramen*, Frankfurt a. M. 1986, S. 170 f.

Unterrichtsverlauf

Überblick. Ein Bildimpuls bietet einen anschaulichen Zugang zur Lebenswelt und patriarchalischen Struktur einer bürgerlichen Familie um 1800. Er erleichtert das Verständnis der Szenen II,2 und II,4, in denen erstmals die bürgerliche Familie Galotti direkt exponiert wird. Konstitutiv für die Untersuchung der beiden Szenen ist die aus der Kommunikationstheorie bewährte Unterscheidung von Inhalts- und Beziehungsaspekt der beiden Dialogpartner Odoardo und Claudia. Den Abschluss bildet ein Vergleich der Verhaltensmuster und Moralvorstellungen in der Familie Galotti mit den Denkformen und dem Lebenskonzept am Hof. **! Verkürzter Verlauf: 6.1 – 6.2 – 6.4 – 6.5 – 6.6**

Phase	Thema	Sozialform	Kompetenzen und Lernziele	Materialien
Voraussetzungen: Kenntnis des zweiten Aufzugs				
6.1	Porträt einer bürgerlichen Familie	UG	• Ein Familienporträt beschreiben und deuten	VORLAGE 6 ➤ S. 35
6.2	Die bürgerliche Lebenswelt im Drama	PA	• Sich in die Rollen der beiden Gesprächspartner einfühlen und sie durch gestaltendes Lesen und szenisches Anspielen veranschaulichen	
6.3 **fakultativ**	Inhalts- und Beziehungsaspekt des Gesprächs	LV / UG	• Inhalts- und Beziehungsaspekt als wichtige Elemente der Gesprächsanalyse erkennen	

6.4	Verhaltensformen und Wertvorstellungen in der Familie der Galottis	UG	• Den Inhalt der beiden Szenen rekonstruieren und erste Deutungshypothesen formulieren	TAFELBILD 6a ➤ S. 36
6.5	Die kommunikative Beziehung zwischen Odoardo und Claudia	PA / UG	• Die gestörte kommunikative Beziehung zwischen den Eheleuten erfassen und beurteilen	
6.6	Abgrenzung der bürgerlichen Familie von höfischen Lebensformen	UG	• Bürgerliche und höfische Lebensformen vergleichen und beurteilen	ARBEITSBLATT 6 ➤ S. 38 TAFELBILD 6b ➤ S. 37
HA	Lektüre des dritten bis fünften Aufzugs			*Emilia Galotti*, Reclam XL, S. 40–87

6.1 Porträt einer bürgerlichen Familie

UG

VORLAGE 6 ➤ S. 35

Unterrichtsschritt. Das der Lerngruppe vorgelegte Bild auf VORLAGE 6 ***Franz Schrank: »Bildnis einer Familie« (um 1810)*** zeigt einen Ausschnitt aus der Lebenswelt einer bürgerlichen Familie kurz nach 1800. Die Lerngruppe wird in ihren ersten Reaktionen auf das Familienporträt vor allem die große geschichtliche Differenz wahrnehmen, die ihre eigene familiale Lebenswelt von der hier abgebildeten Familie trennt. Solche Erfahrungen des historisch Widerständigen und Fremden sind in dieser Phase nicht voreilig zu neutralisieren. Auf sie soll zu einem späteren Zeitpunkt noch einmal eingegangen werden. Anschließend beschreiben die Schülerinnen und Schüler das Bild und erläutern anhand der Körpersprache der Personen und der Raumgestaltung soziale Verhältnisse und typische Beziehungsmuster bürgerlichen Lebens in dieser Zeit.

Erläuterungen zur VORLAGE 6. Das Bild bietet Einblick in das private Leben der begüterten bürgerlichen Familie Scheichenpflueg kurz nach 1800. Das Ambiente des Wohnraums und seine Ausstattung, vor allem die Bilder im Hintergrund und die Skulptur auf der rechten Seite, dokumentieren als repräsentative Statussymbole das Selbstbewusstsein einer gebildeten bürgerlichen Oberschicht und ihren kulturellen Anspruch. An der Personendarstellung werden die Entgegensetzung der Lebenssphären von Mann und Frau und mit ihr der Patriarchalismus sinnfällig: Die Standposition des vermutlich mit geschäftlichen Papieren beschäftigten Vaters, der als »Ernährer« und Geldverdiener für das materielle Wohlergehen der Familie zuständig ist und sich möglicherweise gerade anschickt, in die Öffentlichkeit zu gehen, kontrastiert mit der Sitzposition der Mutter, die »im trauten Heim«‹ eines ihrer Kinder auf ihrem Schoß hält. Die verstärkte Gemeinsamkeit der sich gesellig um einen runden Tisch gruppierenden Familie, wie sie typisch für die biedermeierliche Familienkultur ist, zeigt das Bild allerdings nicht; eher markiert der eckige Tisch die Trennung der Lebensbereiche von Mann und Frau, deren Blicke starr nach vorne gerichtet sind. Charakteristisch für die Biedermeierkultur ist aber die Aufmerksamkeit, die der Maler dem spielenden Kind im Vordergrund des Bildes schenkt.

6.2 Die bürgerliche Lebenswelt im Drama

PA

Unterrichtsschritt mit Erläuterungen. Im Anschluss an die Bildbetrachtung sind zunächst die Szenen II,2 und II,4 mit verteilten Rollen zu lesen. Da die Schülerinnen und Schüler den zweiten Aufzug zu Hause gelesen haben, können sie sich in die Rolle von Odoardo und Claudia gut einfühlen, ihre Gefühle und Gedanken nachvollziehen und in ihrem Vortrag zumindest schon ansatzweise Möglichkeiten des szenischen Spiels realisieren. Sie erhalten folgenden Arbeitsauftrag:

- Tragen Sie den Text vor. Spielen Sie nach Möglichkeit die gewählte Szene (mit dem Text in der Hand). Nutzen Sie Ihre Gestik und Mimik. Achten Sie beim Sprechen und Spielen auf Ihre Position und Ihren Abstand zum Dialogpartner.

VORLAGE 6

Franz Schrank: ***Bildnis einer Familie*** (um 1810)

Köln, Walraf-Richartz-Museum. – akg-images

6.3 Inhalts- und Beziehungsaspekt des Gesprächs (fakultativ)

LV / UG

Unterrichtsschritt mit Erläuterungen. Für die Untersuchung des Gespräches zwischen Odoardo und seiner Frau ist die Watzlawick'sche Unterscheidung von Inhalts- und Beziehungsaspekt der Kommunikation methodisch zu nutzen. Diese findet sich in seiner Axiomatik zur Untersuchung von Kommunikationsprozessen wieder, die später in dem sog. Vier-Ohren-Modell von dem Kommunikationspsychologen Friedemann Schulz von Thun ausdifferenziert und erweitert wurde. Beide Aspekte sollten den Schülerinnen und Schülern aus voraufgegangenen Unterrichtsreihen zur Kommunikationsanalyse bekannt sein. Ist dies nicht der Fall, erläutert die Lehrkraft anhand eines Fallbeispiels beide Aspekte. Dabei sollte deutlich werden, dass der Inhaltsaspekt die Sachinformation eines Gespräches und der Beziehungsaspekt das Verhältnis der Gesprächsteilnehmer bezeichnet. Je nachdem, ob die Beziehung zwischen ihnen symmetrisch oder asymmetrisch, durch Sympathie oder Antipathie bestimmt ist, wird ihr Gesprächsverhalten auf der Inhaltsebene beeinflusst, nicht selten sogar gestört.

6.4 Verhaltensformen und Wertvorstellungen in der Familie der Galottis

UG

Unterrichtsschritt mit Erläuterungen. Im Unterrichtsgespräch ist zunächst der Inhaltsaspekt des Dialogs zwischen Odoardo und Claudia zu untersuchen. Das Spektrum der Themen, die hier angesprochen werden, ist breit: Es reicht vom alleinigen Kirchgang Emilias, dem Odoardo mit großem Misstrauen begegnet, über sein Lob des Schwiegersohnes Appiani und seine Kritik an der Stadterziehung der Tochter bis zu Claudias kurzer Schilderung von Emilias Treffen mit dem Prinzen bei einer Abendgesellschaft. Inhaltlich verbunden werden die Themen durch Odoardos oppositionelle Haltung zum Hof und seinen Lebensformen. Dabei macht er keinen Hehl daraus, wie ihm die Nähe seiner Frau und seiner Tochter zum Hof als einem Ort des

TAFELBILD 6a ➤ S. 36

»Geräusch[s]« und der »Zerstreuung« (S. 25, Z. 12 f.) missfällt. Die Lerngruppe ermittelt im Unterrichtsgespräch diese Aspekte, systematisiert sie und hält sie in tabellarischer Form im TAFELBILD 6a fest.

TAFELBILD 6a

Werte, Einstellungen und Beziehungen in der bürgerlichen Familie

	Odoardo	Claudia
Beziehung zu Emilia	• besorgt um Emilia • kontrolliert ihr Verhalten • liebt sie	• liebt sie
Erziehungsvorstellungen, -ziele	• lehnt die Stadterziehung im Kontext des Hofes ab • glaubt, dass die Tugend der Tochter nur auf dem Land bewahrt werden könne	• strebt eine standesgemäße städtische Erziehung der Tochter an • will Emilia auf ihre Rolle in der städtischen Gesellschaft vorbereiten • zielt auf eine günstige Verheiratung Emilias
Verhältnis zum Hof/zum Prinzen	• sieht sich vom Hofe bedroht • der Prinz ist für ihn ein »Wollüstling« (S. 26, Z. 29)	• sucht die »Zerstreuung« (S. 25, Z. 13) der höfischen Gesellschaft • fühlt sich durch das galante Verhalten des Prinzen gegenüber Emilia geschmeichelt
Beziehung zum/ zur Ehepartner/in	• Leben getrennt voneinander • unterstellt ihr egoistisches Verhalten gegenüber der Tochter • bezeichnet sie als eitel und töricht	• leben getrennt voneinander • bewundert und kritisiert Odoardo

6.5 Die kommunikative Beziehung zwischen Odoardo und Claudia

PA / UG

Unterrichtsschritt. Im Hinblick auf den Beziehungsaspekt erkennt die Lerngruppe, dass die kommunikative Beziehung zwischen beiden gestört ist. Dieses Missverhältnis erschließt sich anhand der Dialogführung, vor allem anhand der Sprechakte der Figuren. Diese sind intensiv in Partnerarbeit zu untersuchen. Im Mittelpunkt stehen dabei folgende Arbeitsaufträge:

1. Diskutieren Sie mit einem Lernpartner anhand der beiden Szenen II,2 und II,4: Wie begegnet Odoardo seiner Frau? Wie reagiert diese? Erläutern Sie die kommunikative Beziehung zwischen den Eheleuten und die sprachliche Gestaltung ihres Gesprächs.
2. Kennzeichnen Sie Rollenmerkmale und Beziehungsmuster in der bürgerlichen Familie.

Abschließend resümieren die Schülerinnen und Schüler die Ergebnisse ihrer Gesprächsanalyse, arbeiten die Rollenbilder und Werteorientierung in der bürgerlichen Familie heraus, kennzeichnen dabei das Selbstverständnis Odoardos als Hausvater und verdeutlichen seine Beziehungen zum Hof.

Erläuterungen. Zu Beginn ist die Beziehung formal und konventionell noch durch Höflichkeit und Liebenswürdigkeit geprägt. Die jeweiligen Anreden (»Guten Morgen, meine Liebe!«, S. 21, Z. 14, und »mein Bester«, S. 22, Z. 2) signalisieren auf den ersten Blick freundschaftliche Verbundenheit und familiäre Intimität, doch dokumentieren sie zugleich auch die Asymmetrie des Gesprächs: Claudia siezt ihn, während Odoardo sie duzt. Dadurch entsteht ein kommunikatives Gefälle. Solches Missverhältnis bestätigt auch der weitere Verlauf des Gesprächs. Odoardo stellt fast inquisitorisch Fragen und tadelt sie, Claudia hat sich zu rechtfertigen. So wirft er ihr vor, dass sie Emilia allein zur Kirche habe gehen lassen. Außerdem weist er Claudias Klage über den Verlust der Tochter zurück und wirft ihr vor, ihr Vergnügen an Emilia bedeute für sie mehr als das Eheglück, das Emilia gemeinsam mit Appiani jenseits des Hofes führen werde. Doch dieser Vorwurf fällt auf ihn selbst zurück. Denn sein ›Vergnügen‹ an Emilia gründet ja nicht vornehmlich im personalen Umgang mit ihr, sondern darin, dass sie mit ihrer Heirat seinen Vorstellungen von einer gesellschaftsabgewandten Familienordnung entsprechen soll. Seine Tugendvorstellungen sind nicht situationsadäquat; sie resultieren aus seinen kommunikativen Defiziten.

6.6 Abgrenzung der bürgerlichen Familie von höfischen Lebensformen

Unterrichtsschritt mit Erläuterungen. Im abschließenden Vergleich der höfischen und bürgerlichen Sphäre mittels ARBEITSBLATT 6 ***Gegenüberstellung von bürgerlicher und höfischer Sphäre*** erkennt die Lerngruppe, dass beide Bereiche einander kontrastieren, aber jeweils in ihren Lebensformen und in ihrer sozialen Binnendifferenzierung keine Homogenität besitzen. Mit dem Prinzen, Marinelli und Camillo Rota haben sie in ihren charakterlichen Dispositionen und Verhaltensweisen drei unterschiedliche Vertreter des höfischen Bereiches kennengelernt. Der Familienverband der Galottis wirkt zwar dagegen moralisch intakt, ist aber in seinem privaten Binnenraum durch divergierende Lebensauffassungen von Mann und Frau bestimmt, was die Nähe zum Hof und die Stadterziehung der Tochter angeht. Darüber hinaus ist zu beachten, dass zwischen den beiden Lebenssphären in räumlicher und figuraler Hinsicht dynamische Wechselwirkungen bestehen: Marinelli dringt z. B. in den bürgerlichen Bereich des Stadthauses der Galottis ein; Appiani als Vertreter des Hofes fühlt sich hier gerade gesinnungsmäßig nicht zu Hause und sehnt sich nach den Tälern in Piemont. Auch Emilia und der Prinz zeigen Gesinnungen, die die beiden Sphären überschreiten. Sie hat die Galanterie im Hause der Grimaldis kennengelernt und weiß sich verführbar; er zeigt Sehnsucht nach tugendhafter Liebe. Die Resultate des Vergleiches werden in dem TAFELBILD 6b auf Folie oder an der Tafel festgehalten.

UG

ARBEITSBLATT 6
➤ S. 38
TAFELBILD 6b
➤ S. 37

TAFELBILD 6b

Gegenüberstellung von bürgerlicher und höfischer Sphäre

	Bürgerliche Welt	Höfische Welt
Sozialpolitische Verhältnisse	• Vater als Patriarch • Gehorsam: Schutz, Fürsorge, Kontrolle	• feudal-absolutistischer Herrscher • Gehorsam der Untergebenen
Orte	• Stadthaus der Galottis in Guastalla • Odoardos Landgut in Sabionetta • Appianis Täler in Piemont	• Residenzschloss des Prinzen in Guastalla • Haus des Kanzlers Grimaldi • Dosalo, das Lustschloss des Prinzen
Normen und Werte	• Privatheit • Natürlichkeit • Tugend	• Staatsgeschäfte • Etikette und Rituale • Intrige • Willkür und Gewalt
Einstellungen zu Liebe und Ehe	• Liebesheirat (individuelle Partnerwahl) • Treue • Tugend	• politisch motivierte Heirat • Mätressentum • erotischer Genuss

Hausaufgabe

Lektüre des dritten bis fünften Aufzugs (*Emilia Galotti*, Reclam XL, S. 40–87).

ARBEITSBLATT 6

Gegenüberstellung von bürgerlicher und höfischer Sphäre

	Bürgerliche Welt	Höfische Welt
Sozialpolitische Verhältnisse		
Orte		
Normen und Werte		
Einstellungen zu Liebe und Ehe		

Arbeitsaufträge:

1. Vergleichen Sie bürgerliche und höfische Lebensformen im Drama. Tragen Sie die Resultate Ihres Vergleichs stichwortartig in die Tabelle ein.
2. Welche Figuren des Dramas lassen sich nicht eindeutig den entsprechenden Lebensbereichen zuordnen?

7 Die Rolle Claudias im Drama – eine Szenenanalyse erstellen (III,8)

Sachanalyse

Zu den obligatorischen Formen des Schreibens im Deutschunterricht gehört die Analyse eines fiktionalen Textes bzw. Textausschnitts. Im Hinblick auf die Ganzschrift Drama bedeutet dies in der Regel, eine Szene zu interpretieren. Dabei gilt es, die situativen Voraussetzungen und den Inhalt einer Szene, ihre Struktur und dialogische Gestaltung zu untersuchen sowie Deutungshypothesen zu ihrer Intentionalität zu entwickeln. Dafür bietet sich der Dialog zwischen Claudia und Marinelli in III,8 an. Er ist ein wichtiger Bestandteil der Anagnorisis des Dramas. In seinem Verlauf durchschaut Claudia das mörderische Komplott gegen die Familie. Damit gewinnt sie innerhalb des Figurenensembles ein erhebliches personales Profil. Im Kontrast zum Frauentypus in der zeitgenössischen Dramenliteratur, vor allem zur Darstellung der Mutterrolle im herkömmlichen bürgerlichen Trauerspiel (siehe auch später in Schillers *Kabale und Liebe*), die durch Eitelkeit bestimmt ist, ergreift sie hier selbst die Initiative und kämpft mutig um ihre Tochter. »Effektbewusst lässt der Autor die Hoffnung Marinellis, Claudia als Kupplerin gewinnen zu können, dadurch zuschanden werden, dass Claudias Anklage in dem ›einzigen Wort‹ gipfelt, durch das sie den Vorwurf, er sei ein Meuchelmörder, noch zu überbieten glaubt, in dem Wort ›Kuppler‹.«[1]

Voraussetzungen. Im Mittelpunkt der letzten Szene des dritten Aufzugs steht Claudia Galotti. Die Leser bzw. Zuschauer haben sie zuvor in den Gesprächen mit ihrem Mann und ihrer Tochter in ihrem Denken und Handeln als relativ eigenständige Figur kennengelernt. Im Gegensatz zu ihrem Mann sucht sie die Nähe des Hofes und ist bestrebt, ihrer Tochter eine »anständige Erziehung« (S. 25, Z. 14 f.) zu geben. Sie kennt die galante Sprache und rituellen Umgangsformen am Hofe, doch unterschätzt sie die Gefahren, die von ihm ausgehen. Im Dialog mit ihrer Tochter verurteilt sie zwar das aufdringliche Verhalten des Prinzen in der Kirche, spielt es allerdings herunter und verschweigt es gegenüber ihrem Mann, weil sie seine Wut fürchtet. Dabei vermag sie nicht die fatalen Konsequenzen zu erkennen, die sich aus ihrem Handeln ergeben. Das gilt auch für den heftigen Wortwechsel zwischen Marinelli und Appiani, dessen unmittelbare Auswirkungen sie nur am Rande mitbekommt.

Das ändert sich in grundlegender Weise nach dem Überfall von Marinellis Schergen auf die Hochzeitskutsche, bei dem Appiani getötet wird. Auf der Suche nach Emilia erkennt sie in Battista denjenigen wieder, der ihre Tochter – so ihr Verdacht – entführt hat. Die Ankündigung Battistas in III,7, dass sein Herr sie schon zu Emilia geleiten werde, führt unmittelbar in die Schlussszene des Aktes. In dem Moment, in dem Claudia Marinelli erblickt, erfasst sie sogleich, um wen es sich dabei handelt.

Inhalt. Claudia erinnert sich, als sie Marinelli begegnet, sogleich daran, dass er und Appiani am Morgen im Streit auseinander gegangen sind. Bitter konfrontiert sie den Marchese damit, dass der Graf im Sterben seinen Namen in einem kaum wiederzugebenden »Tone» (S. 52, Z. 11) genannt habe. Als Marinelli ihr sagt, dass der Prinz sich mit »der zärtlichsten Sorgfalt« (S. 52, Z. 33 f.) um sie kümmere, wird ihr allmählich klar, was geschehen ist und dass der Marchese der Auftraggeber des Mordes gewesen ist. Zum Schluss beschimpft sie ihn als feigen »Mörder« und als »Kuppler« (S. 53, Z. 12 ff., 19 f.). Durch das Geschrei der Mutter aufmerksam geworden, ruft Emilia nach ihr. Daraufhin stürzt Claudia voller Sorge und Angst in das Zimmer, in dem Emilia sich befindet.

Struktur. Da die Handlung der siebten Szene unmittelbar in der folgenden fortgeführt wird, setzt das Gespräch Claudias mit Marinelli sogleich, und zwar ohne Anmoderation ein. Dessen Verlauf spiegelt stufenweise den Erkenntnisprozess Claudias wider, dessen Progression sich in dem Maße vollzieht, wie sie ihre Erinnerungen logisch miteinander verknüpft. Zunächst stellt sie aufgrund ihrer Erinnerungen an das Streitgespräch zwischen Marinelli und dem Grafen und dessen letztem Wort eine gedankliche Verbindung zwischen beiden her. Dann keimt in ihr der Verdacht, dass das Sterbewort Appianis seinen Mörder bezeichnet haben könnte. Mit der Erwähnung des Prinzen wird ihr der Verdacht zur Gewissheit, dass der Prinz und Marinelli das »Bubenstück« (S. 53, Z. 11) inszeniert haben, um Emilia in ihre Gewalt zu bringen.

Beziehungen. Die Beziehung zwischen Claudia und Marinelli – das signalisiert schon die erste Regieanweisung in dieser Szene (»*Erblickt den Marinelli und fährt zurück*«, S. 51, Z. 16 f.) – ist belastet und durch die gemeinsame Vorgeschichte der beiden Figuren emotional überlagert. Als Gesprächspartner, gar als Vertrauensperson, der sie zu ihrer Tochter führen soll, will Claudia ihn nicht akzeptieren. Schon die vielen kur-

1 Gisbert Ter-Nedden, *Lessings Trauerspiele. Der Ursprung des modernen Dramas aus dem Geist der Kritik*, Stuttgart 1986, S. 219.

zen Fragen, die sie an ihn richtet, sind sprachliche Reflexe ihrer Fassungslosigkeit und ihres Misstrauens. Es sind rhetorische Fragen, die nicht darauf zielen, Informationen von ihm zu erhalten oder eine Verständigungsbasis mit ihm herzustellen, sondern die ihn als akzeptablen Gesprächspartner von Beginn an diskreditieren, ihn buchstäblich in Frage stellen. Auch im weiteren Verlauf des Gesprächs gibt sie ihm in insistierender Weise zu verstehen, welchen Verdacht sie gegen ihn hegt. In dem Augenblick, in dem dieser sich verdichtet, gibt sie die distanzierende Sie-Anrede auf und duzt ihn (»Was konnte meine Tochter dafür, dass Appiani dein Feind war?«, S. 52, Z. 28 f.). Noch einmal findet sie, mühsam um Fassung ringend, zum distanzierenden Sie zurück. Doch dann fixiert sie ihn förmlich mit der Du-Anrede (»Dich! Dich!«, S. 53, Z. 17, »Dich!«, S. 53, Z. 19), klagt ihn voller Abscheu des feigen Mordes und intriganter Kuppelei an.

Damit kontrastieren die Haltungen und Verhaltensweisen Marinellis. Er achtet sorgfältig auf höfische Etikette und der Situation adäquate Sprachformen. Mit dem diplomatischen Gestus des geschmeidigen, zuvorkommenden Höflings spricht er sie, vordergründig Respekt bezeugend, an (»gnädige Frau«, S. 51, Z. 20). Dabei ist es ihm wichtig, von ihr in seinem Status und Rang (»Marchese Marinelli«, S. 51, Z. 28) ernst genommen zu werden. Gegenüber Claudia spielt er den Unwissenden und versucht sie zu beruhigen.

Figurensprache. Claudias Sprache ist in dieser Szene – das macht sie der Sprache der Sturm-und-Drang-Bewegung vergleichbar – expressiv und von Affekten bestimmt. Sie trägt quasi ›ihr Herz auf der Zunge‹. Wie aufgewühlt und verzweifelt sie ist, zeigen die vielen stakkatohaft ausgestoßenen Fragesätze.

Marinellis Sprachverhalten ist dagegen kontrolliert und berechnend; es basiert auf Verstellung und Lügen. In manipulativer Absicht zielt er darauf, auch Claudia – das wird schon in seinem Vorgespräch mit Battista deutlich (vgl. S. 50, Z. 15–26) – gefügig zu machen und kupplerisch auf die Seite des Prinzen zu ziehen. Ihre Vorwürfe, Verdächtigungen und Anschuldigungen spielt er herunter oder pariert sie, Unwissenheit vortäuschend, glatt und kühl mit Gegenfragen. Das Geschrei von Claudia stört ihn wenig. Noch zuvor hatte er Battista nicht ohne Zynismus gesagt: Die »beste Lunge erschöpft sich; auch sogar eine weibliche. Sie hören alle auf zu schreien, wenn sie nicht mehr können« (S. 50, Z. 20–22).

Ergebnis und Konsequenzen. Den Lesern/Zuschauern begegnet in der siebten und achten Szene eine andere Claudia als die, die sie bislang im Drama kennengelernt haben. Sie lässt sich von Marinelli nicht einschüchtern, schon gar nicht in ihrer Wortwahl und Bewegungsfreiheit einschränken. In dieser Szene straft sie die ihr »so oft unterstellte heimliche Kollaboration mit dem Hof oder die ebenso oft unterstellten bürgerlichen Ohnmachtsgefühle Lügen«.[2] Ihr Auftreten ist durch Spontaneität und starke Affekte bestimmt. Gegenüber Marinelli verhält sie sich, höfische Regularien und persönliche Rücksichtnahmen missachtend, aggressiv und bezichtigt ihn des feigen mörderischen Komplotts. Im Gegensatz zu ihrem Mann, der am Ende untertänigen Gehorsam zeigt, ist sie mutig und wehrhaft und dringt wie eine »Löwin, der man die Jungen geraubet« (S. 53, Z. 25), zu Emilia vor. Doch die Abhängigkeit von ihrem Mann ist auch hier geblieben. Sie fürchtet seinen Fluch, weil sie ihm den Vorfall in der Kirche verschwiegen hat.

Die persönliche Analyse Claudias, ihr Wiedererkennen des Zusammenhangs verschiedener Ereignisse am Vormittag, gehört in dramaturgischer Hinsicht partiell zur Anagnorisis des Dramas, die später im Gespräch zwischen Orsina und Odoardo vollendet wird. Der Unterschied in der Motivation und im Verhalten der beiden Figuren ist evident: Claudia geht es um nichts anderes als die Rettung ihres Kindes, während Orsina – aus verletzter Eigenliebe und Rache – ihre Erkenntnis nutzen will, Odoardo zur Tötung des Prinzen anzustacheln.

2 Ter-Nedden (s. Anm. 1), S. 216.

Unterrichtsverlauf

Überblick. Das Unterrichtsmodul hat einen propädeutischen Charakter; es zielt darauf, die Lerngruppe methodisch zur Szenenanalyse anzuleiten. In Vorbereitung der die Unterrichtsreihe abschließenden Klausur soll sie am Beispiel der Szene III,8 und der Figur der (manchmal zu wenig beachteten) Claudia Galotti Kategorien und Verfahren kennenlernen, die sie später im Rahmen der Leistungsüberprüfung bei der Bearbeitung des obligatorischen Aufgabenformats »Analyse poetischer Texte« produktiv nutzen kann.

Phase	Thema	Sozialform	Kompetenzen und Lernziele	Materialien
Voraussetzungen: Kenntnis des dritten Aufzugs				
7.1	Der Dialog zwischen Claudia Galotti und Marinelli	EA / PA / UG	• Die Szene Emilia Galotti mit verteilten Rollen vorlesen und erste Eindrücke dazu formulieren; eventuell alternativ: Szene akustisch einspielen und Hörverstehen einüben	
7.2	Bausteine einer Szenenanalyse	UG	• Aspekte und Leitfragen der Szenenanalyse entwickeln, diese mit der Vorlage abgleichen und gegebenenfalls ergänzen	VORLAGE 7 ➤ S. 42
7.3	Integrative Szenenanalyse	GA / UG	• Kategorien auf die Szene anwenden; Ergebnisse der Gruppenarbeit präsentieren und bewerten	VORLAGE 7 ➤ S. 42
HA	Analysieren und interpretieren Sie in schriftlicher Form die Szene III,8. Intensive Lektüre der Szenen IV,3 bis IV,8		• Einen poetischen Text schriftlich analysieren	*Emilia Galotti*, Reclam XL, S. 59–73

7.1 Der Dialog zwischen Claudia Galotti und Marinelli

EA / PA / UG

Unterrichtsschritt. Nach der Lektüre der Szene III,8 (*Emilia Galotti*, Reclam XL, S. 35–37) erhalten die Schülerinnen und Schüler zunächst den Auftrag, in Einzelarbeit Textstellen zu markieren, Auffälligkeiten zu kennzeichnen, Fragen zu formulieren und wichtige Textbezüge zu kommentieren. Mit ihrem Lernnachbarn tauschen sie die Ergebnisse ihrer Arbeit aus und präsentieren ihre Erkenntnisse dem Plenum. Hier werden sie besprochen und zusammenfassend an der Tafel oder auf Folie gesichert.

7.2 Bausteine einer Szenenanalyse

UG

VORLAGE 7 ➤ S. 42

Unterrichtsschritt mit Erläuterungen. Die ersten Leseeindrücke der Schülerinnen und Schüler bedürfen der begrifflichen Profilierung und Systematisierung. In dieser Arbeitsphase gilt es im Unterrichtsgespräch Untersuchungsaspekte und dazu korrespondierend Leitfragen zu entwickeln, an denen sich die Szenenanalyse in der Sache und in der Methode orientieren könnte. Diese werden durch Tafel- bzw. Folienanschrieb stichwortartig festgehalten, mit der VORLAGE 7 ***Aspekte und Leitfragen zur Szenenanalyse*** abgeglichen und möglicherweise ergänzt. Zum Schluss bietet es sich an, über eine mögliche Reihenfolge der jeweils zu erarbeitenden Untersuchungsaspekte im Rahmen der Szenenanalyse zu sprechen.

7.3 Integrative Szenenanalyse

GA / UG

VORLAGE 7 ➤ S. 42

Unterrichtsschritt. In der letzten Arbeitsphase erfolgt die Anwendung der Analysekategorien auf die Szene III,8. Dies geschieht arbeitsteilig in Gruppen:

- Gruppe A rekonstruiert die situativen Voraussetzungen der Szene, gibt ihren Inhalt wieder und untersucht ihren Aufbau.
- Gruppe B erläutert die Beziehungen der beiden am Gespräch beteiligten Figuren und analysiert ihre Sprache.

Die Ergebnisse der Gruppenarbeit werden anschließend vorgestellt, ausgewertet und im Sinne einer integrativen Szenenanalyse koordiniert. Resümierend wird zum Schluss im Unterrichtsgespräch die dramaturgische Funktion der Szene im Gesamtgefüge des Textes herausgearbeitet und reflektiert.

VORLAGE 7

Aspekte und Leitfragen zur Szenenanalyse

Situative Voraussetzungen/Kontext

Welche für die Erschließung des Textes wichtigen Geschehnisse gehen der Szene voraus? Welche Rollen haben die Figuren in der Szene bislang gespielt?

Thema/Inhalt

Worüber wird gesprochen? Welche Informationen über Figuren, Zeit und Ort und Handlung kann man der Szene entnehmen?

Dialogverlauf/Struktur

Welche Phasen im Gespräch lassen sich ausmachen? Welche Konflikte prägen das Gespräch? Gibt es einen Höhe- bzw. Wendepunkt?

Beziehungen der Figuren / Kommunikationsverhalten

Wie verhalten sich die Figuren zueinander? Wie charakterisieren sie selbst ihre Beziehungen? Welche Informationen über die Beziehungen lassen sich den Regieanweisungen und den Anreden entnehmen? Wie beeinflussen Rollen und Status der Figuren das Gespräch?

Figurensprache

Was charakterisiert die Sprache der Figuren (Schlüsselbegriffe, Wiederholungen, Satzform und Satzbau, Bilder und weitere rhetorische Mittel)? Welche Sprechakte dominieren?

Ergebnisse/Konsequenzen

Zu welchem Ergebnis führt das Gespräch? Welche Konsequenzen könnten sich aus ihm ergeben?

Gesamtgefüge des Dramas

Wie beeinflusst die Szene den weiteren Handlungsverlauf des Stückes? Welche Funktion hat die Szene im Gesamtgefüge des Dramas? (Setzt Kenntnis des gesamten Dramas voraus.)

Hausaufgabe

Die Schülerinnen und Schüler haben die Ergebnisse der Gruppenarbeit notiert und werden gebeten, auf der Basis ihrer Aufzeichnungen zu Hause eine komplette Szenenanalyse zu verfassen. Wenn genügend Zeit zur Verfügung steht, können die einzelnen Analysen im Rahmen einer Schreibkonferenz überarbeitet werden.

8 Weibliche Rollenbilder und Lebensentwürfe im Drama darstellen und beurteilen

Sachanalyse

Der Zuschauer begegnet zwei Frauengestalten erst recht spät im Verlauf des Stückes auf der Bühne: Emilia Galotti und der Gräfin Orsina. Beide sind aber von Beginn an in Gesprächen und Bildern, in Vorausdeutungen und Kommentierungen präsent. In der Porträt-Szene mit dem Maler Conti werden sie sogar miteinander verglichen (I,4). Diese übergreifenden Bezüge finden allerdings in Lessings Figurenkonzeption auf der Bühne kein Echo. Emilia Galotti und die Gräfin Orsina begegnen sich im Verlaufe des Stückes nicht, und das ist zumindest ungewöhnlich für die Entwicklung des bürgerlichen Trauerspiels, wie Lessings *Miss Sara Sampson* und Schillers *Kabale und Liebe* zeigen. In Lessings *Emilia Galotti* kommt es nicht zur publikumswirksamen Konfrontation von verlassener und neuer Geliebten des Prinzen. Das verbietet sich auch schon deshalb, weil Emilia den Prinzen nicht liebt und Orsina erst im Gespräch mit Marinelli erfährt, dass Emilia die neue Geliebte des Prinzen ist.

Eingefügt in spezifische soziale Konfigurationen verkörpern Emilia und Orsina unterschiedliche Rollenbilder bzw. typische Formen von Weiblichkeit im 18. Jahrhundert. Was sie allerdings miteinander verbindet, ist ihre Abhängigkeit von der Welt der Männer. Die sozialen Bereiche der bürgerlichen und höfischen Welt, der sie angehören, werden jeweils von Männern dominiert. Infolgedessen haben sie die Vorstellungen von Weiblichkeit, die diese auf sie als Wunschbilder oder als Ausdrucksformen der Ablehnung projizieren, zumindest partiell verinnerlicht.

Ein solches Frauenbild repräsentiert Emilia. Ihre prägnanteste Charakterisierung stammt vom Autor selbst. In einem Brief an seinen Bruder Karl, der ihr, bedingt durch ihre übertriebene Frömmigkeit und Gehorsamkeit, »einen gar zu kleinen Verstand, gar zu wenig Selbstdenken«[1] bescheinigte, antwortete er: »Die jungfräulichen Heroinen und Philosophinnen sind gar nicht nach meinem Geschmacke. [...] Ich kenne an einem unverheirateten Mädchen keine höhere Tugenden, als Frömmigkeit und Gehorsam.«[2] Emilia versucht in ihrem Denken und Handeln den Erwartungen der Männer zu entsprechen. Die Flucht vor dem Prinzen in der Kirche ist Ausdruck ihrer Unsicherheit, sich außerhalb des Familienverbandes zu bewegen, letztlich Reflex ihrer Angst, sich gegen den von Odoardo repräsentierten moralischen Wertekodex zu versündigen. Appiani will sie, das zeigt die einzige Begegnung mit ihrem Bräutigam, mit ihrem Erscheinungsbild gefallen: »Was trug ich, wie sah ich«, so fragt sie ihn, »als ich Ihnen zuerst gefiel? – Wissen Sie es noch?« (S. 33, Z. 24 f.) Und auch in ihrem dritten Zusammentreffen mit dem Prinzen gibt sie sich furchtsam und devot. Atemlos erscheint sie auf dem Schloss, begegnet ihm die »*Hände ringend*« (S. 48, Z. 26), fällt zu seinen Füßen nieder und lässt sich von ihm – zwar nicht ohne Sträuben – in die inneren Gemächer des Schlosses führen. Erst zum Schluss des Stückes wirkt sie ruhiger und entwickelt Eigeninitiative, indem sie ihren Vater auffordert, sie zu töten, möglicherweise eine Reaktion darauf, dass Odoardo nach ihrer Auffassung seiner Rolle als Vater des Hauses nicht mehr gerecht wird und sie ihn in diese erneut hineinzwingen will.

Ein solches Selbstverständnis Emilias entspricht der gesellschaftspolitischen Stoßrichtung des zeitgenössischen bürgerlichen Trauerspiels. Dieses »basiert auf dem ›Frauenopfer‹ im konkreten und übertragenen Sinne. Die Töchter sterben als Opfer im Konkurrenzkampf der Väter mit dem Liebhaber bzw. dem feudalen Verführer, und sie sterben ein zweites Mal als Opfer einer Reinheitsvorstellung, die die Voraussetzung für ihre Verfügbarkeit im Machtkampf der Männer ist. Bevor sie tatsächlich [...] sterben, werden sie entlebendigt durch das Reinheitsgebot, das die Männer im Namen der bürgerlichen Moral über sie verhängen.«[3]

Neben Emilia ist auch die Gräfin Orsina von Beginn an Gegenstand der Gespräche am Hof. Knapp und pointiert wird sie durch Marinelli exponiert: »Sie hat zu den Büchern ihre Zuflucht genommen; und ich fürchte, die werden ihr den Rest geben« (S. 13, Z. 30–32). Doch erst in IV,3 erscheint sie auf der Bühne, und dies – wie üblich in Lessings Dramen – aus ihrer Perspektive streng motiviert. In der Anfangsszene des Stückes hat der Prinz einen Brief von ihr erhalten, die-

1 Gotthold Ephraim Lessing, *Sämtliche Schriften*, hrsg. von Karl Lachmann, 3. Aufl. bes. von Franz Muncker, Bd. 20, Stuttgart 1905, Nachdr. Berlin 1968, S. 127–129, zit. nach: *Emilia Galotti*, Reclam XL, S. 118.

2 Lessing, *Sämtliche Schriften* (s. Anm. 1), Bd. 18, Stuttgart 1907, Nachdr. Berlin 1968, S. 18 f., zit. nach: *Emilia Galotti*, Reclam XL, S. 119.

3 Inge Stephan, »Frauenbild und Tugendbegriff«, in: *Lessing Yearbook* 17 (1985), S. 12–18, zit. nach: *Emilia Galotti*, Reclam XL, S. 154 f.

sen aber nicht gelesen. Dort kündigt sie an, ihn auf seinem Lustschloss Dosalo treffen zu wollen. Im Glauben, dass er den Inhalt des Briefes kennt und, obwohl er ihn nicht beantwortet hat, entschlossen ist, die Verabredung dennoch einzuhalten, hat sie sich nach Dosalo begeben.

Abhängig von der Gunst des Prinzen, hat sie, nachdem dessen Leidenschaft für Emilia entbrannt ist, ihren sozialen Status am Hof, bevor sie im Stück auftritt, schon längst verwirkt, ohne dass ihr dieses vollständig bewusst ist. Diese soziale Degradierung kompensiert sie allerdings durch ihr selbstbewusstes Auftreten gegenüber Marinelli. Ihm ist sie in sprachlicher und argumentativer Hinsicht weit überlegen; für ihn findet sie nur Worte der Verachtung, charakterisiert ihn als »plauderndes Hofmännchen« (S. 61, Z. 8), zieht seine gespielte Ignoranz und Heuchelei ins Lächerliche (»Wundert sich das Gehirnchen?«, S. 59, Z. 32). Die Verlogenheit und Ränkespiele der Hofleute durchschaut sie, diese bezeichnet sie als »Hofgeschmeiß« (S. 60, Z. 9). Die ironische, in gespielter Bewunderung geäußerte Bemerkung Marinellis, dass sie in höfischen Kreisen als Philosophin gelte, pariert sie geistesgegenwärtig und kühl damit, dass der Prinz wohl Angst habe vor vernunftbegabten Frauen: »Wie kann ein Mann«, so fragt sie rhetorisch, »ein Ding lieben, das, ihm zum Trotze, auch denken will? Ein Frauenzimmer, das denket, ist ebenso ekel als ein Mann, der sich schminket. Lachen soll es, nichts als lachen, um immerdar den gestrengen Herrn der Schöpfung bei guter Laune zu erhalten« (S. 61, Z. 24–29). Damit macht sie aber zugleich ihr persönliches Problem am Hofe deutlich: Ihre Einstellungen und Verhaltensweisen bewegen sich im Spannungsfeld von Mündigkeit und Unterwerfung, von Autonomie und Rollenzwang. Sie hat zwar – im Sinne Kants – den »Mut, sich ihres eigenen Verstandes zu bedienen; jedoch steht dieser persönliche Mut im Gegensatz zu ihrer sozialen Rolle als Mätresse, die dem Prinzen in allem nur gefällig sein soll und keinen Widerstand zu üben hat«.[4]

Obwohl Orsina insgesamt nur vier Auftritte im Drama hat, ist sie ihrem Selbstverständnis, ihrem Denken und ihren Handlungen nach wohl die Figur im Drama – das bezeugen auch die Reaktionen der Zeitgenossen –, die die größte Aufmerksamkeit auf sich zieht. Das bestätigt auch Lessing indirekt selbst. Ausdrücklich fordert er seinen Bruder Karl in ihrem Briefwechsel über das Stück auf, sich zum Charakter der Orsina zu äußern: »Wenn er«, so der Autor, »einer guten Schauspielerin in die Hände fällt, so muss er Wirkung tun.«[5] Wirkungsmacht kann er aber nur dadurch erlangen, dass er in seiner Darstellung der Figur nicht dem typischen Frauenbild der Zeit entspricht. Lessing lässt sie nicht »als hysterische, grell geschminkte, lächerlich verlassene Alte auftreten [...], sozusagen als komödiantische Einlage in diesem Trauerspiel«,[6] sondern setzt sie als kluge, sprachgewandte Frau in Szene, die, wie ihr philosophischer Diskurs über Vorsehung und Zufall zeigt (IV,3), komplexe Bedeutungs- und Handlungszusammenhänge überlegen und überlegt zu durchschauen vermag. Sie klärt Odoardo über die diabolische Entführung auf, der sie auf die Spur gekommen ist, informiert ihn darüber, dass Appiani tödlich verwundet wurde, dass sich Emilia zusammen mit ihrer Mutter im Gewahrsam des Prinzen befindet (IV,7). Gleichwohl ist sie – eine »neue« Medea auf der Bühne – von rasender Eifersucht und »himmlischen« Rachefantasien getrieben. Im Gespräch mit Odoardo verliert sie in ihrer egozentrischen Borniertheit[7] und im Taumel ihrer Affekte jedes Maß an Beherrschung: »Ah, wenn Sie wüssten, – wenn Sie wüssten, wie überschwänglich, wie unaussprechlich, wie unbegreiflich ich von ihm beleidiget worden, und noch werde: – Sie könnten, Sie würden Ihre eigene Beleidigung darüber vergessen« (S. 71, Z. 6–10). So übergibt sie Odoardo den Dolch, mit dem er den Prinzen töten soll. Er soll das verrichten, wozu ihr, wie sie sagt, die Gelegenheit fehlt. Die tragische Ironie des Stückes besteht am Ende darin, dass er damit nicht den Prinzen, sondern die eigene Tochter, die Rivalin der Orsina, ersticht.

4 Sebastian Kaufmann / Günter Saße, *Gotthold Ephraim Lessing: »Emilia Galotti«*, Braunschweig 2012, S. 78 f.

5 Lessing, *Sämtliche Schriften*, Bd. 18 (s. Anm. 2), S. 18 f., zit. nach: *Emilia Galotti*, Reclam XL, S. 119.

6 Wolf Dieter Hellberg, *Lektürehilfen. G. E. Lessing: Emilia Galotti*, Stuttgart 2004, S. 60.

7 Gisbert Ter-Nedden, *Lessings Trauerspiele. Der Ursprung des modernen Dramas aus dem Geist der Kritik*, Stuttgart 1986, S. 224.

Unterrichtsverlauf

Überblick. Ausgehend von zwei charakteristischen Porträts aus dem 18. Jahrhundert werden Eigenheiten des Weiblichen in dieser Zeit in einem Unterrichtsgespräch erschlossen, den beiden zentralen Frauengestalten des Trauerspiels zugeordnet und kontrastierend in einem Tafelbild festgehalten. Damit sind die Lernvoraussetzungen geschaffen, Emilia und Orsina in Form eines Polaritätenprofils zu vergleichen. Zwei Szenen, die ein Licht auf die Charakterbilder der beiden Frauen werfen (III,5 und IV,5), werden anschließend mithilfe von Standbildern erarbeitet und gedeutet.

Phase	Thema	Sozialform	Kompetenzen und Lernziele	Materialien
Voraussetzungen: Kenntnis des gesamten Dramas				
8.1	Frauenporträts im 18. Jahrhundert	EA / UG	• Anhand eines Bildimpulses unterschiedliche Formen von Weiblichkeit im 18. Jahrhundert erfassen	VORLAGE 8a ➤ S. 46 TAFELBILD 8 ➤ S. 46
8.2	Vergleich von Orsina und Emilia	EA / PA / UG	• Mithilfe eines Polaritätenprofils Orsina und Emilia in ihren Charaktereigenschaften einschätzen und beurteilen	ARBEITSBLATT 8a ➤ S. 49
8.3	Szenische Interpretation	GA / PA	• Zwei Szenen des Stückes mithilfe von Standbildern darstellen und interpretieren	
8.4	Befragung der Darsteller durch eine Spielleitung	EA / PA	• Durch Interviewtechnik Empfindungen, Denkweisen und Lebensentwürfe von Figuren erschließen	VORLAGE 8b ➤ S. 47
HA	Erstellung eines Szenenplans			ARBEITSBLATT 8b ➤ S. 50 f.

8.1 Frauenporträts im 18. Jahrhundert

Unterrichtsschritt mit Erläuterungen. Die vergleichende Beschreibung der stilisierten Porträts adeliger Frauen bietet der Lerngruppe erste didaktische Impulse, sich der Thematik der Stunde, der Charakterisierung und Beurteilung der beiden von Orsina und Emilia verkörperten konträren weiblichen Rollenbilder, zu nähern (VORLAGE 8a ***Frauenporträts aus dem 18. Jahrhundert***). Mimik und Körperhaltung der beiden Frauen sowie die emblematischen Bezüge der abgebildeten Requisiten sind wichtige Referenzpunkte der vergleichenden Betrachtung. Zunächst notieren die Schülerinnen und Schüler spontan ihre Gefühle und Gedanken zu den beiden Porträts; anschließend beschreiben sie sie genau und erläutern die Vorstellungen von Weiblichkeit, die in ihnen zum Ausdruck kommen. Die Ergebnisse werden in TAFELBILD 8 festgehalten. Abschließend ordnen sie die Bilder den Frauenfiguren des Dramas, also Emilia und Orsina, zu und begründen ihre Entscheidung.

EA / UG

VORLAGE 8a ➤ S. 46

TAFELBILD 8 ➤ S. 46

8.2 Vergleich von Orsina und Emilia

Unterrichtsschritt mit Erläuterungen. Emilia und Orsina kommen aus unterschiedlichen Lebenssphären. Diese prägen ihr Denken und Verhalten. Für die Erschließung der beiden einander kontrastierenden Charaktere wird das aus der Psychologie bekannte Verfahren des Polaritätenprofils genutzt. Eine feste Matrix von Charaktermerkmalen ermöglicht – im Sinne eines semantischen Differenzials – eine vergleichende Beurteilung der beiden Frauengestalten. Diese wird durch das Think-Pair-Share-Verfahren ermöglicht. Zu Beginn kreuzen die einzelnen Schülerinnen und Schüler in Einzelarbeit den nach ihrer Meinung für die beiden Figuren zutreffenden Grad der Eigenschaften an (ARBEITSBLATT 8a ***Ein Polaritätenprofil erstellen***, Arbeitsaufträge 1 und 2). Danach tauschen sie ihre Ergebnisse mit denen ihres Lernnachbarn aus (Arbeitsauftrag 3), stellen ab-

EA / PA / UG

ARBEITSBLATT 8a ➤ S. 49

VORLAGE 8a

Frauenporträts aus dem 18. Jahrhundert

Links: Pompeo Battoni (1708–1787), *Die Reinheit des Herzens* (1752); rechts: Francois Boucher (1703–1770), *Madame Pompadour*

TAFELBILD 8

Frauenporträts aus dem 18. Jahrhundert

	Battoni	Boucher
Gegenstand	• Darstellung weiblicher Unschuld	• Porträt einer repräsentativen Frau
Haltung	• demütig, schüchtern	• selbstbewusst, kokett
Requisiten	• Lilie, Taube, Farbe Weiß (Symbole der Unschuld)	• Buch (gebildet)
Körpersprache	• gesenkter Blick: introvertiert	• offener Blick
Kleidung	• einfarbig, dezent	• aufwändig, dekorativ, verspielt

schließend dem Plenum die größten Gemeinsamkeiten und Unterschiede bei der Einschätzung der Figuren vor (Arbeitsauftrag 4). Bei der Auswertung des Polaritätenprofils erkennen sie, dass sich Emilia und Orsina in ihren Charaktermerkmalen erheblich unterscheiden. Manifest wird dies vor allem an ihren Einstellungen und Beziehungen zu den Männern.

8.3 Szenische Interpretation

GA / PA

Unterrichtsschritt. Wie sich Emilia und Orsina gegenüber Männern verhalten, kann an zwei Auftritten verdeutlicht werden. Um deren dramaturgischem Spannungsprofil Anschauung zu verleihen und diese in ihrer Phasenstruktur und kommunikativen Entwicklung für den Kurs nachvollziehbar zu machen, empfiehlt sich szenisches Interpretieren. In (arbeitsteiligen) Gruppen erstellen die Schülerinnen und Schüler Standbilder zu den Szenen III,5 und IV,5. Anschließend präsentieren sie diese im Plenum; ihre Mitschülerinnen und Mitschüler beschreiben und deuten sie.

Erläuterungen. Von didaktischem Interesse ist es, welche Momente die Schülerinnen und Schüler in den jeweiligen Szenen mit ihren Standbildern darstellen bzw. zu deuten versuchen. Im Gespräch zwischen Emilia und dem Prinzen könnte es ihr Kniefall oder ihr Sträuben sein, wenn der Prinz sie in ein anderes Zimmer führen will. Bei der szenischen Deutung des Dialogs zwischen Orsina und Marinelli bietet sich der Augenblick an, in dem Orsina ganz nahe an Marinelli herantritt und den direkten Blickkontakt zu ihm sucht.

8.4 Befragung der Darsteller durch eine Spielleitung

EA / PA

Unterrichtsschritt mit Erläuterungen. Die Standbilder können für weitere literarische Lernprozesse produktiv gemacht werden, wenn den jeweiligen Darstellern Gelegenheit gegeben wird, ihre Gefühle und Gedanken sprachlich zu äußern. Dabei übernimmt die Lehrkraft die Rolle der Spielleitung. In einer Art Interview befragt sie sie im Rückgriff auf die VORLAGE 8b ***Befragung der Darsteller***. Je nach Leistungsstand der Lerngruppe sollte sie sich entscheiden, ob sie den Schülerinnen und Schülern den Fragebogen vorher zur Verfügung stellt.

VORLAGE 8b
➤ S. 47

VORLAGE 8b

Befragung der Darsteller

Fragen an alle:
• Was empfinden Sie oder denken Sie im Augenblick? • Was möchten Sie mit Ihrer Mimik, Gestik und Körperhaltung ausdrücken? • Was möchten Sie Ihrem Gesprächspartner bzw. Ihrer Gesprächspartnerin jetzt noch sagen? • Was verschweigen Sie im Augenblick?

Gruppe I: Szene III,5	Gruppe II: Szene IV,5
An Emilia:	**An Orsina:**
• Hegen Sie Empfindungen für Hettore? • Weshalb knien Sie vor dem Prinzen nieder? • Halten Sie die Äußerungen des Prinzen für glaubwürdig? • Warum sträuben Sie sich, mit dem Prinzen in ein anderes Zimmer zu gehen?	• Wie denken Sie über Marinelli? • Was bedeutet der Prinz für Sie? • Wie werden Sie sich ihm gegenüber verhalten? • Wie sehen Sie Emilia? • Wie stellen Sie sich Ihre Zukunft vor?
An Hettore:	**An Marinelli:**
• Wie beurteilen Sie die Reaktion Emilias in der Kirche? • Glauben Sie, dass Sie Emilia als Geliebte gewinnen können? • Warum wollen Sie mit Emilia in ein anderes Zimmer gehen?	• Sie haben Orsina als Philosophin bezeichnet. Was meinen Sie damit? • Wie beurteilen Sie die Beziehung zwischen dem Prinzen und Orsina? • Was soll mit Emilia geschehen?

Auf der Basis der Antworten der Darsteller lässt sich im abschließenden Unterrichtsgespräch erarbeiten, wie die beiden Frauen die Situationen, in denen sie sich befinden, selbst einschätzen, welches Bild sie von sich selbst haben und wie sie von den komplementären Figuren, also von dem Prinzen und Marinelli, beurteilt werden.

ARBEITSBLATT 8b
➤ S. 51 f.
Lösungshinweise
➤ S. 109–111

Hausaufgabe

Die Schülerinnen und Schüler erarbeiten das ARBEITSBLATT 8b ***Szenenplan***.

ARBEITSBLATT 8a

Ein Polaritätenprofil erstellen

Emilia Galotti				Eigenschaften	Gräfin Orsina			
Sehr	Ziemlich	Kaum	Gar nicht		Gar nicht	Kaum	Ziemlich	Sehr
				Unbeherrscht				
				Tolerant				
				Einfühlsam				
				Besonnen				
				Egoistisch				
				Selbstbewusst				
				Naiv				
				Kritisch				
				Überheblich				
				Verantwortungsvoll				
				Listig				
				Zielstrebig				

Arbeitsaufträge:

1. Kreuzen Sie jeweils den Ihrer Meinung nach für die Figuren zutreffenden Grad der Eigenschaften an.
2. Finden Sie Textstellen, die Ihre Entscheidung belegen.
3. Werten Sie Ihr Polaritätenprofil aus. Vergleichen Sie Ihre Ergebnisse mit denen Ihres Nachbarn.
4. Wo liegen die größten Gemeinsamkeiten zwischen den Figuren? Wo und wie unterscheiden sie sich?

ARBEITSBLATT 8b (Seite 1 von 2)

Szenenplan

Akt/Szene	Thema/Handlung	Figuren	Ort/Zeit
I,1	Gewährung einer Bittschrift; Trennung von Orsina	Der Prinz; Kammerdiener	Kabinett des Prinzen im Residenzschloss am Morgen
I,2			
I,3			
I,4			
I,5			
I,6			
I,7			
I,8			
II,1			
II,2			
II,3			
II,4			
II,5			
II,6			
II,7			
II,8			
II,9			
II,10			
II,11			
III,1			
III,2			
III,3			

ARBEITSBLATT 8b (Seite 2 von 2)

Akt/Szene	Thema/Handlung	Figuren	Ort/Zeit
III,4			
III,5			
III,6			
III,7			
III,8			
IV,1			
IV,2			
IV,3			
IV,4			
IV,5			
IV,6			
IV,7			
IV,8			
V,1			
V,2			
V,3			
V,4			
V,5			
V,6			
V,7			
V,8			

Arbeitsauftrag:
Dem Text können Sie eine Fülle von Informationen zur Handlungsführung, zum Auftreten der einzelnen Figuren und zur Bestimmung von Raum und Zeit entnehmen. Tragen Sie diese in die dafür vorgesehenen Kästchen ein.

9 Den Aufbau des Dramas erfassen

Sachanalyse

Handlung. *Emilia Galotti* lässt sich im Wesentlichen unter den von Volker Klotz beschriebenen Typus des geschlossenen Dramas subsumieren, der sich an die aristotelische Poetik anlehnt. Das Trauerspiel weist eine geschlossene, zielgerichtete Haupthandlung mit einer Exposition, einem konfliktauslösenden Moment und einem Höhe- bzw. Wendepunkt auf, die in eine Katastrophe mündet. Die Abfolge der Szenen ist streng motiviert, orientiert sich konsequent an den Kategorien von Kausalität und Finalität. Alles das, was geschehen ist, bedingt in lückenloser Motivation das Nachfolgende. »Mit halbweg Menschenverstand kann man«, so schreibt Goethe in einem Brief an Johann Gottfried Herder am 10. Juli 1772 vier Monate nach der Uraufführung des Stückes, »das Warum von jeder Szene, von jedem Wort [...] auffinden«.[1] Doch gerade diese kohärente Handlungsabfolge erweist sich als Kette von Missverständnissen und Fehlentscheidungen. Fast alle Figuren tragen dazu etwas bei, dass das Verhängnis seinen Lauf nimmt: Der Prinz ist beispielsweise nicht bereit, den Erfolg der mit Marinelli vereinbarten Handlung abzuwarten, nähert sich Emilia, getrieben von seinen Leidenschaften, in der Kirche und »überfällt« sie förmlich mit seinem Liebesgeständnis. Von diesem Annäherungsversuch erfährt Appiani ebenso wenig wie die Familie Galotti von dem Inhalt seiner Unterredung mit Marinelli.

Hinzu kommen äußere Umstände in Gestalt von mannigfaltigen Zufällen, die im außergewöhnlichen Maße den Handlungsverlauf des Dramas bestimmen. Sie reichen vom ersten Akt, in dem der Prinz erst im letzten Augenblick von der unmittelbar bevorstehenden Hochzeit Emilias hört, über die Tatsachen, dass ein krimineller Diener bei den Galottis angestellt ist und Emilia ohne Begleitung in die Kirche geht, bis zum letzten Aufzug, in dem Emilia gerade in dem Augenblick auftaucht, in dem Odoardo sie ihrem Schicksal überlassen will. Gleichwohl, solche scheinbare Zufälligkeit im Handlungsverlauf ist im Drama letztlich Ausdruck von Notwendigkeit. »Lessing unterwirft, jenseits der vermeintlich zufälligen Begebenheiten auf der Handlungsoberfläche, seine Figuren einem eisernen Regiment.«[2]

1 Johann Wolfgang Goethe, *Gedenkausgabe der Werke, Briefe und Gespräche*, hrsg. von Ernst Beutler, Bd. 18: *Briefe 1764–1786*, Zürich 1949, S. 175, zit. nach: Gesa Dane, *Erläuterungen und Dokumente. Gotthold Ephraim Lessing: Emilia Galotti*, Stuttgart 2002, S. 110.

2 Peter J. Brenner, *Literaturstudium. Gotthold Ephraim Lessing*, Stuttgart 2000, S. 236.

Zeit. Auch die zeitliche Gestaltung entspricht strikt dem aristotelischen Postulat der Einheit der Zeit. Die Dauer der Handlung umfasst etwa zwölf Stunden. Die Handlung beginnt an einem »Morgen« (S. 5, Z. 18) mit dem Auftritt Hettore Gonzagas in seinem Arbeitszimmer, setzt sich fort am Vormittag mit der Begegnung von Emilia und dem Prinzen in der Kirche der Dominikaner und hat nach Ankündigung der Abfahrt der Hochzeitskutsche (»Gegen Mittag«, S. 16, Z. 2) ihr tödliches Finale am frühen Abend (»es wird spät«, S. 82, Z. 23 f.) auf dem Lustschloss des Prinzen.

So konventionell die stringente Handlungsmotivierung und die Orientierung an der dramatischen Einheit der Zeit in seinem Trauerspiel sind, so innovativ ist Lessings poetischer Umgang mit ihr. Zeit erschöpft sich nicht allein in der Sukzession der vorwärtsdrängenden Handlung. Zeitliche Abläufe und Erfahrungen werden hier zu lebendigen Größen, »die unmittelbar auf das Geschick der Figuren einwirken. Indem Lessing ihnen eine spezifische Motivfunktion im Rahmen der Handlung zuweist, nähert er sich bereits den Bauprinzipien des ›offenen‹ Dramas«.[3] Wichtig für die Dramaturgie sind daher nicht nur die objektiven chronologischen Vorgaben, sondern die Art, wie die Zeit von den jeweiligen Figuren perspektivisch erlebt wird. Diese subjektive Erfahrung der Zeit verleiht dem Drama ein hohes Maß an Dynamik und Tempo, mithin ein eminentes Spannungsprofil. Die Protagonisten des Dramas unterliegen einem starken Zeitdruck, der sie in ihren Entscheidungen bedrängt und ihr Handeln antreibt. Das zeigt sich vor allem in ihrem Sprechen, das durch Hast bzw. Hektik geprägt ist. Als der Prinz von Marinelli von der bevorstehenden Heirat von Emilia und Appiani erfährt, bleibt ihm nur noch eine kurze Zeitspanne, dies zu verhindern. In fiebernder Erwartung, Emilia in der Kirche zu treffen, will er, bevor er sein Kabinett verlässt, bedenkenlos ein Todesurteil unterschreiben.

Auch Odoardo und Appiani ist klar, dass die zeitlichen Ressourcen für sie knapp werden. Möglichst rasch will der Vater die Tochter verheiraten. Und auch Appiani befindet sich in akuter Zeitnot. Wegen der bevorstehenden Hochzeit schlägt er das von Marinelli arrangierte Angebot des Prinzen aus, als Gesandter nach Massa zu reisen.

Raum. Gewahrt hat Lessing indes nicht die von

3 Peter-André Alt, *Tragödie der Aufklärung. Eine Einführung*, Tübingen/Basel 1994, S. 256.

Aristoteles postulierte Einheit des Ortes. Die Handlung des Stückes spielt an unterschiedlichen Schauplätzen. Zwar werden die Rezipientinnen und Rezipienten hier nicht mit dem für die offene Dramenform charakteristischen ständigen, vielfach abrupten Wechsel der Bilder und Orte konfrontiert, wie man ihn z. B. aus den Stücken des zeitgenössischen Dramatikers Reinhold Michael Lenz (1751–1792) kennt, doch sieht Lessing von einer abstrakten, neutralen Raumgestaltung ab, und dies aus handlungsfunktionalen Gründen bzw. in der Absicht, die einzelnen von ihm gewählten Schauplätze für die soziale Differenzierung der Figuren produktiv zu nutzen, ihre unterschiedlichen Wert- und Lebensvorstellungen kategorial zu trennen und damit das Konfliktpotenzial des Dramas freizulegen.

Die Handlung des ersten Aktes spielt im Residenzschloss des Prinzen; sein Kabinett ist Zentrum seiner absoluten Macht und Initialpunkt seines politischen Handelns bzw. seiner Regierungsgeschäfte. Hier entscheidet der Prinz über Bitt- und Klageschriften sowie als oberster Richter seines Fürstentums über Leben und Tod; hier kann er sich gönnerhaft als Förderer der Kunst präsentieren.

Damit kontrastiert das bürgerliche Haus der Galottis im zweiten Akt. Abgeschirmt von der Welt des Hofes, konstituiert sich hier eine Privatsphäre, ein familialer Schutzraum, dem der Hausvater Odoardo Galotti vorsteht und den er mit rigiden moralischen Normen und Tugenden gegen höfisches Laster und willkürlichen Übergriffen des Hofes abzuschirmen und zu immunisieren sucht.

Dagegen spielt das Geschehen in den folgenden Akten bis zum Schluss des Dramas in einem »Vorsaal auf dem Lustschlosse des Prinzen« (S. 40, Z. 2) in Dosalo. Dieses erweist sich keineswegs als ein Ort der Zerstreuung, Lust und des Vergnügens, sondern letztlich als Zwingburg im Machtbereich des Prinzen. Von hier aus wird die Familie Galotti bedrängt, gezwungen und in ›Haft‹ genommen. Weder Orsina noch Odoardo haben die Möglichkeit, die Schwelle des Vorsaals zu überschreiten und in die inneren Gemächer des Prinzen vorzudringen.

Wichtig für die dramaturgische Gestaltung der Handlung sind auch die Orte, die im Stück nicht gezeigt werden, über die aber gesprochen wird. Entweder sind es Orte, an denen Bedeutendes geschieht, wie etwa der Überfall auf die Kutsche, oder an die von den Figuren erinnert wird (z. B. das Haus der Grimaldis, die Kirche) bzw. die imaginiert werden. Odoardo z. B. lebt vorwiegend auf seinem Landgut in Sabionetta und hält sich nur, wenn Sachzwänge es erfordern, in der Residenzstadt auf. Diese ist ihm verhasst, letztlich ein Ort des Lasters. Deshalb misstraut er dem Aufenthalt von Frau und Tochter in Guastalla. Seine Einstellung wird geteilt vom Grafen Appiani. Auch er will nach der Hochzeit mit Emilia Guastalla verlassen und in den piemontesischen Alpen Gemsen jagen und Murmeltiere abrichten. Hier in ursprünglicher Natur glauben beide sich selbst leben, d. h. ein tugendhaftes Dasein führen zu können. Und gerade dies wird von den höfischen Widersachern hintertrieben und vereitelt. »Die räumliche Lage des adligen ›Lust‹-Ortes ist strategisch bestens geeignet, den Bürgern ihren eigenen Weg zu einem freudvollen Dasein abzuschneiden.«[4]

Betrachtet man abschließend die Beziehungen von Handlung, Raum und Zeit als konstitutive Bauprinzipien in ihrem besonderen Wirkungszusammenhang, so zeigt sich, dass Lessings Stück mehr ist als »ein großes Exempel der dramatischen Algebra«.[5] So konventionell die stringente Handlungsmotivierung und die Orientierung an der dramatischen Einheit der Zeit in seinem Trauerspiel sind, so innovativ ist Lessings poetischer Umgang mit ihnen.

4 Peter Pütz, *Die Leistung der Form. Lessings Dramen*, Frankfurt a. M. 1986, S. 155.

5 Friedrich Schlegel, »Über Lessing«, in: *Kritische Friedrich-Schlegel-Ausgabe*, hrsg. von Ernst Behler [u. a.], 1. Abt., Bd. 2: *Charakteristiken und Kritiken 1 (1796–1801)*, hrsg. von Hans Eichner, Paderborn [u. a.] 1967, S. 116 f., zit. nach: Gesa Dane, *Erläuterungen und Dokumente. Gotthold Ephraim Lessing: Emilia Galotti*, Stuttgart 2002, S. 116.

Unterrichtsverlauf

Überblick. Nach der Lektüre des gesamten Textes erhalten die Schülerinnen und Schüler in dieser Unterrichtssequenz Gelegenheit, die Struktur des Dramas zu erarbeiten. Ihre Untersuchung orientiert sich an den dramaturgischen Kategorien Handlung, Raum und Zeit und zielt darauf, ihnen Einsichten in den Handlungsaufbau und die räumliche sowie zeitliche Gestaltung des Dramas zu vermitteln. Dabei festigen sie ihre Lektürekenntnisse und gelangen zu einem vertieften Verständnis des im Stück streng motivierten pragmatischen Geschehens und der in dessen Ereignisfolge eingebundenen Figuren. Auf der Grundlage des von ihnen erstellten Szenenplans gewinnen sie zunächst einen kursorischen Überblick über den Handlungsverlauf und die zeitliche und räumliche Gestaltung des Dramas. Werten sie diese Informationen arbeitsteilig aus, sind sie mithilfe des von Gustav Freytag erstellten pyramidalen Aufbauschemas des Dramas in der Lage, die geschlossene Handlungsstruktur des Dramas von der Exposition über die Peripetie/Anagnorisis bis zur Katastrophe herauszuarbeiten und den Handlungsplan des Dramas in Form eines Schaubildes zu entwickeln.

Phase	Thema	Sozialform	Kompetenzen und Lernziele	Materialien
Voraussetzungen: Kenntnis des gesamten Dramas; Szenenplan				
9.1	Lektüreeindrücke – Sicherung des Handlungsverlaufes – Planungskonzept	UG	• Lektüreeindrücke äußern und austauschen; den Handlungsverlauf des Textes sichern; ein Planungskonzept für das weitere unterrichtliche Vorgehen erarbeiten	ARBEITSBLATT 8b ➤ S. 50 f.
9.2	Szenenplan	PA / UG	• Den Szenenplan anhand vorgegebener dramaturgischer Kategorien (Handlung, Figuren, Raum und Zeit) auswerten	ARBEITSBLATT 8b ➤ S. 50 f. VORLAGE 9 ➤ S. 55 TAFELBILD 9a ➤ S. 56
9.3	Gustav Freytags pyramidales Schema der geschlossenen Dramenform	UG	• Das Handlungsschema Freytags nachvollziehen und erklären	ARBEITSBLATT 9a ➤ S. 59
9.4	Die Handlungsstruktur des Dramas	GA / UG	• Gemeinsamkeiten und Unterschiede zwischen dem Strukturmodell Freytags und Lessings Drama bestimmen	TAFELBILD 9b ➤ S. 57
HA	Ermitteln Sie, wie häufig die Figuren im Drama auftreten und an welchen Stellen sie einander begegnen.			ARBEITSBLATT 9b ➤ S. 60

9.1 Lektüreeindrücke – Sicherung des Handlungsverlaufes – Planungskonzept

UG

ARBEITSBLATT 8b
➤ S. 50 f.

Unterrichtsschritt. Es empfiehlt sich, die Schülerinnen und Schüler ihre Eindrücke zur Gesamtlektüre formulieren, Verstehensschwierigkeiten benennen und Auffälligkeiten skizzieren zu lassen. Diese sollten z. B. durch Kartenabfrage gegebenenfalls auf Folie oder durch Plakatierung gesichert, anschließend besprochen und für ein Planungsgespräch über das weitere Vorgehen genutzt werden. Die inhaltliche Sicherung des Textes erfolgt über den von der Lerngruppe in häuslicher Arbeit erstellten Szenenplan des Stückes (ARBEITSBLATT 8b). Sicherlich lassen sich aus diesem Gespräch schon erste Anhaltspunkte und Bausteine für die Interpretation des Stückes gewinnen.

9.2 Szenenplan

Unterrichtsschritt. Die nachfolgende Auswertung des ARBEITSBLATT 8b ***Szenenplan*** dient einerseits der inhaltlichen Sicherung des Lektüreprozesses, andererseits soll sie aber auch schon erste Einsichten in den Aufbau des Stücks ermöglichen. Da nicht davon auszugehen ist, dass allen Schülerinnen und Schülern die weitreichende Bedeutung und Funktion der Hausaufgaben für die Textanalyse plausibel sind, könnte ihnen kurz Gelegenheit gegeben werden, über ihre Erfahrungen beim Erstellen der Tabelle zu sprechen. Sicherlich werden sie ganz allgemein darauf verweisen, dass die Tabelle ihnen einen komprimierten Überblick über das Stück ermöglicht. Eventuell werden sie aber auch schon bei ihren häuslichen Überlegungen beobachtet haben, dass die inhaltlichen Angaben zu den dramaturgischen Kategorien Handlung, Figuren, Raum und Zeit durchaus Rückschlüsse struktureller Art auf das Stück zulassen. Um diese herauszuarbeiten, sollen in arbeitsteiliger Partnerarbeit anhand von VORLAGE 9 ***Handlung, Raum und Zeit des Dramas*** die Kategorien der Handlung sowie des Raums und der Zeit untersucht werden.

Im Anschluss an die Partnerarbeit tragen einzelne Schülerinnen bzw. Schüler dem Plenum die Ergebnisse ihrer Untersuchung vor. Im Unterrichtsgespräch werden diese ausgewertet, ergänzt und vertieft und im TAFELBILD 9a gesichert.

PA / UG

ARBEITSBLATT 8b
➤ S. 50 f.
VORLAGE 9
➤ S. 55
TAFELBILD 9a
➤ S. 56

VORLAGE 9

Handlung, Raum und Zeit des Dramas

Arbeitsaufträge Gruppe 1: Handlung
• Stellen Sie dar, welche Handlungsphasen im Stück erkennbar sind. • Erläutern Sie, wie sie miteinander verbunden werden. • Diskutieren Sie, ob das Stück einen Höhe- und Wendepunkt aufweist.

Arbeitsaufträge Gruppe 2: Raum und Zeit
• Stellen Sie dar, in welchem zeitlichen Rahmen die Handlung des Dramas verläuft. • Charakterisieren Sie die Schauplätze, an denen das Geschehen spielt. • Nennen Sie die Orte, auf die im Stück nur verwiesen wird. Welche Funktion haben diese? • Veranschaulichen Sie Ihre Erkenntnisse zur raum-zeitlichen Gestaltung des Stückes in Form einer Grafik.

Erläuterungen. Folgende Ergebnisse sind zu erwarten: Die Schülerinnen und Schüler erkennen, dass sich die Handlung des Stückes im Wesentlichen linear in chronologischer Abfolge von den Hochzeitsvorbereitungen Emilias und Appianis über den mörderischen Anschlag Marinellis bis zum Tod Emilias entwickelt. Dabei erfassen sie, dass der Zeitraum der Handlung etwa zwölf Stunden umfasst. Ist in der Vergangenheit im Unterricht schon einmal ein klassisches Drama behandelt worden, wissen sie, dass damit hier die aristotelische Forderung nach der Einheit der Zeit eingelöst wird. Zudem werden sie darauf verweisen, dass der Beginn des zweiten Aufzuges nicht unmittelbar an die im ersten Akt initiierten Handlungsstränge anknüpft. Allenfalls der zweite Auftritt des Aufzuges enthält Andeutungen, dass ein Anschlag auf die Hochzeitsgesellschaft geplant ist.

Möglicherweise wird den Schülerinnen und Schülern auffallen, dass wichtige Ereignisse der äußeren Handlung, z. B. die Begegnung Emilias mit dem Prinzen in der Kirche, die Ermordung und anschließende Entführung Emilias sowie ihr Zusammensein mit dem Prinzen auf der Bühne nicht vorgestellt, sondern nur in Gesprächen und dabei aus unterschiedlichen Perspektiven wiedergegeben werden.

Die Bestimmung des Ortswechsels in Lessings Drama ermöglicht den Schülerinnen und Schülern wichtige Einsichten in die Lebenswelt der Figuren. Er zeigt, wie unterschiedliche Räume von den jeweiligen Akteuren erlebt werden. Die Schauplätze der ersten beiden Akte korrespondieren funktional in ihrem exponierenden Charakter, doch kontrastieren sie in der Darstellung jeweils unterschiedlicher Lebensbereiche. Ihnen entsprechen die binären Oppositionen höfisch und privat, Adel und patrizisches Bürgertum, Intrige und Tugend.

Charakteristisch für die Raumgestaltung des Stückes ist die Tatsache, dass die Figuren in geschlossenen Räu-

TAFELBILD 9a

Die räumliche und zeitliche Gestaltung des Dramas

	1. Aufzug	2. Aufzug	3.–5. Aufzug			
Zeit	Handlungsbeginn	Morgen	Mittag		Abend	(= 12 Std.)
Ort	*Kabinett im Residenzschloss des Prinzen* (Guastalla)	*Stadthaus der Galottis* (Guastalla)	*Vorsaal auf dem Lustschloss des Prinzen* (Dosalo)			
Handlung abseits der Bühne		*Kirche:* 2. Begegnung Prinz – Emilia	*Straße in der Nähe des Lustschlosses:* Überfall auf Hochzeitskutsche	*Innenräume des Lustschlosses:* Emilia und der Prinz	*Innenräume des Lustschlosses:* Emilia und Claudia	
genannte Räume	Vegghia im Haus der Grimaldis: 1. Begegnung Prinz – Emilia Landgut Odoardos bei Sabionetta Lustschloss des Prinzen in Dosalo Dominikanerkirche in Guastalla	Haus des Kanzlers Grimaldi Täler im Piemont im Besitz Appianis			Kloster Haus der Grimaldis Haus der Galottis (Guastalla)	

men agieren – ein Zeichen dafür, dass es in den Szenen vor allem um die Auseinandersetzung mit privaten Problemen geht. Hier werden Empfindungen artikuliert, persönliche Ansichten vertreten, Befehle erteilt, Wünsche geäußert, Pläne geschmiedet, Intrigen eingefädelt.

9.3 Gustav Freytags pyramidales Schema der geschlossenen Dramenform

UG

ARBEITSBLATT 9a

➤ S. 59

Unterrichtsschritt mit Erläuterungen. Die von den Schülerinnen und Schülern erarbeiteten Einzelergebnisse bedürfen der synthetisierenden Darstellung. Gemeinsam mit ihnen soll an der Tafel ein globales Modell entwickelt werden, das den Aufbau des Stückes und dessen Phasenstruktur in übersichtlicher Form wiedergibt. Um sie in dieser Hinsicht nicht zu überfordern, bedarf es didaktischer Reduktion, d. h. einer deduktiv gesteuerten Vorgehensweise. In diesem Zusammenhang empfiehlt es sich, dass von Gustav Freytag in seiner Abhandlung *Die Technik des Dramas* (1863) entwickelte pyramidale Schema zur geschlossenen klassischen Dramenform als Prototyp zu nutzen. Mit ihm liegt ein Modell vor, das im fachwissenschaftlichen Diskurs zwar kritisch wahrgenommen wird, der Lerngruppe aber auf ihrem Weg zur Erschließung der Handlungsstruktur des Trauerspiels wichtige Anregungen und Hilfen gibt. Im Rückgriff auf das ARBEITSBLATT 9a ***Gustav Freytags Schema des geschlossenen Dramas*** wird das Schema im Plenum besprochen; gegebenenfalls werden einzelne Komponenten und ihre Beziehungen zueinander von der Lehrkraft erläutert.

9.4 Die Handlungsstruktur des Dramas

Unterrichtsschritt. Vor dem Horizont des Schemas von Freytag geht es im abschließenden Unterrichtsschritt darum, die besondere Handlungsstruktur von Lessings Drama zu erschließen. In Arbeitsgruppen ermitteln die Schülerinnen und Schüler Gemeinsamkeiten und Unterschiede zwischen dem Strukturmodell Freytags und Lessings Stück. Die Ergebnisse werden im Unterrichtsgespräch zusammengetragen und in TAFELBILD 9b gesichert.

GA / UG

TAFELBILD 9b

➤ S. 57

TAFELBILD 9b

Handlungsstruktur von Lessings Drama

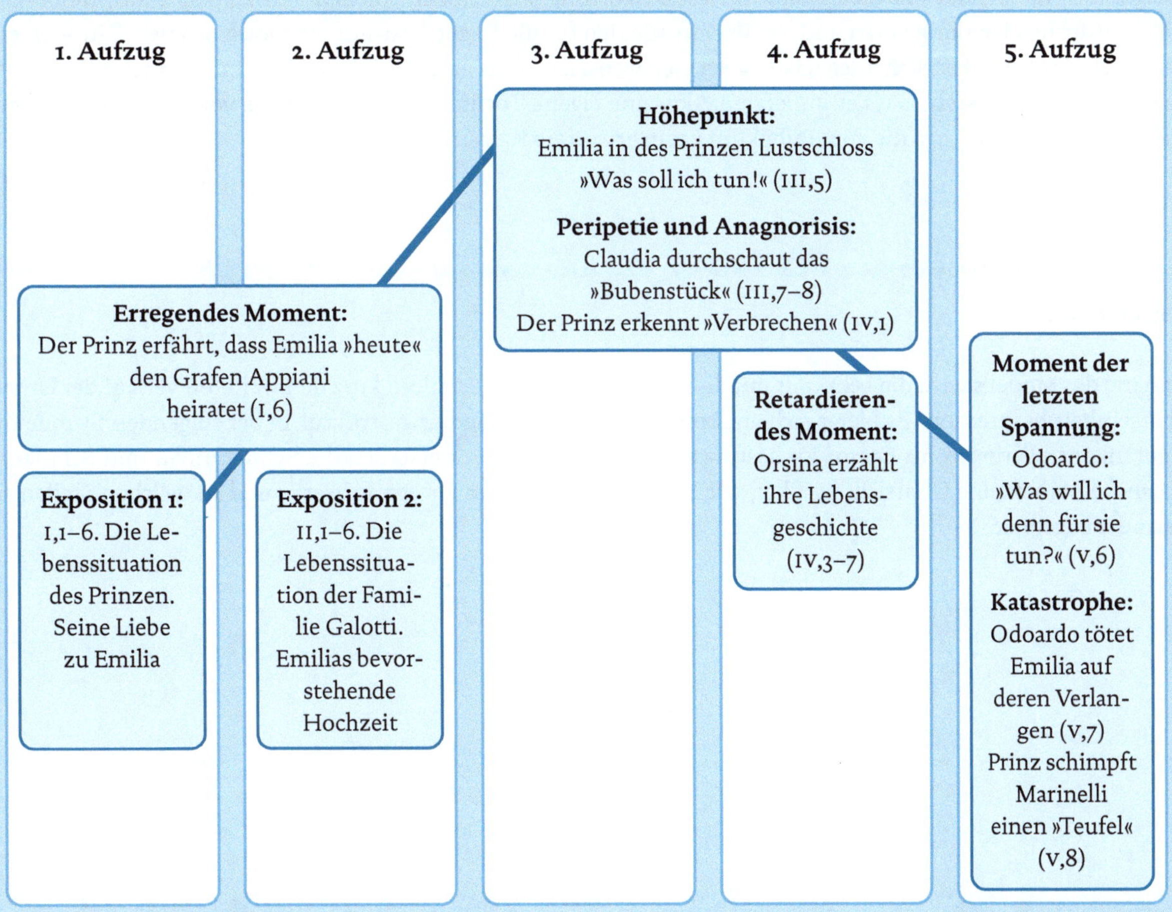

Nach: Theodor Pelster, *Reclam Lektüreschlüssel XL. G.E. Lessing: Emilia Galotti*, Stuttgart: Reclam, 2017, S. 49.

Erläuterungen. In der vergleichenden Betrachtung erkennt die Lerngruppe vor allem die strukturellen Modifikationen in Lessings Drama und ist in der Lage, die architektonische Struktur des Textes in Form einer Grafik darzustellen. Damit sie den größeren strukturellen Zusammenhang des Stückes auch weiterhin im Auge behält, erscheint es notwendig, dass sie in den folgenden Stunden mit dem Strukturbild umzugehen lernt, es unter Umständen noch differenziert und ergänzt.

Charakteristisch für den Aufbau von Lessings *Emilia Galotti* ist die Tatsache, dass die Exposition der Figuren und ihrer möglichen Konflikte nicht nur dem ersten Aufzug vorbehalten ist, sondern auch noch den zweiten Akt umfasst, ja partiell noch bis in den vierten Akt hineinreicht. Dabei übernimmt der erste Aufzug den Großteil expositorischer Funktionen. Wichtige Informationen der Vorgeschichte, z. B. die Leidenschaft des Prinzen für Emilia und die unmittelbar bevorstehende Heirat, erweisen sich als zukunftsbestimmende Elemente. Aus der Kontraposition der Figuren Odoardo und Hettore resultiert die im Modell von Freytag postulierte Steigerung der Handlung. Das erregende Moment im Sinne Freytags ist in Lessings Text zugleich der Auslöser von zwei Handlungssträngen, dem erfolglosen Versuch des Prinzen, sich Emilia zu nähern, und der Einfädelung der Intrige Marinellis, Emilias Hochzeit zu verhindern und sie in die Gewalt des Prinzen zu bringen.

Zu einer klassischen Entscheidungsszene zwischen den Hauptakteuren, wie Freytag sie fordert, kommt es im dritten Akt aber nicht. Im dramatischen Nexus sind die Ermordung Appianis und die Entführung Emilias als Resultat der Intrige Marinellis Höhe- und Wendepunkt der äußeren Handlung, die das Schicksal der Familie Galotti besiegelt; allerdings wird dieses Ereignis nur indirekt zu Beginn des Aufzuges in einer Art »Mauerschau« wiedergegeben. Entscheidend für die innere Handlung ist die Erkenntnis Claudias, dass Marinelli den Mord an Appiani veranlasst hat. Das Auftreten der Orsina im vierten Akt hat eine retardierende, zugleich aber auch die Handlung noch einmal steigernde Funktion. Die Gräfin informiert Odoardo über die dem Leser schon bekannte Vorgeschichte, die Begegnung des Prinzen mit Emilia in der Kirche, deckt damit vollends im Sinne der aristotelischen Anagnorisis die Schuld Marinellis und die Verantwortung des Prinzen für den Tod Appianis auf, treibt aber gleichzeitig die Handlung voran, indem sie Odoardo den für die Rache bestimmten Dolch zuspielt. Ein Moment der letzten Spannung ist sicherlich das Zögern Odoardos. Noch hat er die Möglichkeit, gemeinsam mit Emilia das Lustschloss zu verlassen. Dass er im letzten Akt seine eigene Tochter umbringt, um sie vor der Schande zu bewahren, ist in dieser Form die vom Publikum kaum erwartete Katastrophe.

ARBEITSBLATT 9b

➤ S. 60

Lösungshinweise ➤ S. 112

Hausaufgabe

Anhand des Modells wird die Lehrkraft mit den Schülerinnen und Schülern kurz den weiteren Verlauf der Unterrichtseinheit besprechen. Es bietet sich an, komplementär zur Handlungsstruktur in der folgenden Stunde die Figurenkonstellationen im Drama zu bestimmen. Zu diesem Zweck erstellen die Schülerinnen und Schüler in häuslicher Arbeit eine Übersicht darüber, wie häufig die Figuren im Drama auftreten und an welchen Stellen sie einander begegnen.

Gustav Freytags Schema des geschlossenen Dramas

Der Schriftsteller und Literaturwissenschaftler Gustav Freytag hat 1863 in seinem Buch *Die Technik des Dramas* in stark schematisierter Form ein pyramidales Modell des Aufbaus eines fünfaktigen Dramas entwickelt:

Dramenform des geschlossenen Dramas

nach Gustav Freytag (1816–1895)

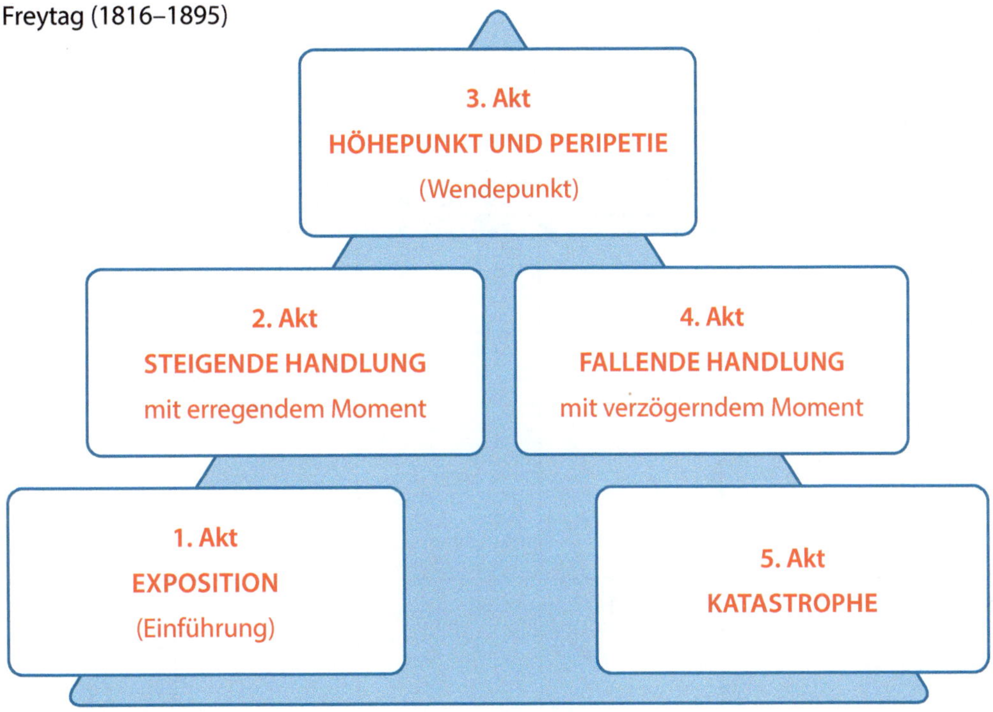

»Durch die beiden Hälften der Handlung, welche in einem Punkt zusammenschließen, erhält das Drama, – wenn man die Anordnung durch Linien verbildlicht, – einen pyramidalen Bau. Es steigt von der Einleitung mit dem Zutritt des erregenden Moments bis zu dem Höhenpunkt, und fällt von da bis zur Katastrophe. Zwischen diesen drei Teilen liegen die Teile der Steigerung und des Falles. Jeder dieser fünf Teile kann aus einer Szene oder aus einer gegliederten Folge von Szenen bestehen, nur der Höhenpunkt ist gewöhnlich in einer Hauptszene zusammengefasst.

Diese Teile des Dramas, a) Einleitung, b) Steigerung, c) Höhenpunkt, d) Fall oder Umkehr, e) Katastrophe, haben jeder Besonderes in Zweck und Baueinrichtung. Zwischen ihnen stehen drei wichtige szenische Wirkungen, durch welche die fünf Teile sowohl geschieden als verbunden werden. Von diesen drei dramatischen Momenten steht eines, welches den Beginn der bewegten Handlung bezeichnet, zwischen Einleitung und Steigerung, das zweite, Beginn der Gegenwirkung, zwischen Höhenpunkt und Umkehr, das dritte, welches vor Eintritt der Katastrophe noch einmal zu steigern hat, zwischen Umkehr und Katastrophe. Sie heißen hier: das erregende Moment, das tragische Moment, das Moment der letzten Spannung.«

Gustav Freytag: Die Technik des Dramas. Darmstadt: Wissenschaftliche Buchgesellschaft, 1975. S. 102.

ARBEITSBLATT 9b

Figurenstatistik

	Auftretenshäufigkeit	Aufzüge
Emilia		
Odoardo		
Claudia		
Hettore		
Marinelli		
Appiani		
Orsina		

	Orsina	Appiani	Marinelli	Hettore	Claudia	Odoardo
Emilia						
Odoardo						
Claudia	IV,8	II,7.8.9.11				
Hettore						
Marinelli						
Appiani						

Arbeitsaufträge:

1. Gehen Sie die einzelnen Auftritte im Drama durch und ermitteln Sie, in welcher Häufigkeit und an welchen Stellen die Figuren Emilia, Odoardo, Claudia, der Prinz, Appiani, Marinelli und Orsina auftreten.
2. Ergänzen Sie die Tabelle und tragen Sie in die Kästchen ein, wer wem und in welchen Auftritten des Dramas einander begegnet.

10 Die Figuren charakterisieren und ihre wechselseitigen Beziehungen erläutern

Sachanalyse

Konstitutiv für das Verständnis und die Deutung von Lessings Stücks sind die Bestimmung und Analyse der Figurenkonstellationen im Drama. Diese setzen die Charakterisierung der zentralen Figuren und eine Analyse ihrer Handlungsmotive, Gruppierungen und ihrer Beziehungen untereinander voraus. Im Handlungsverlauf des Textes verändern sie sich. Deshalb ist es wichtig, für die Erstellung der Personenkonstellation den jeweiligen Fixpunkt der Handlung zu benennen. Die Betrachtung des Personenverzeichnisses ermöglicht allgemeine, aber noch vorläufige Erkenntnisse über die Figuren. Im Verlaufe des Geschehens gewinnen sie an personalem Profil. Erst mit der Schlussszene kristallisieren sich relativ stabile Beziehungsmuster heraus.

Lessings Drama steht in der Tradition der bürgerlichen Trauerspiele, die er selbst in Deutschland mit seiner *Miß Sara Sampson* (1755) begründete. Diese spiegeln in stilisierter Form die sozialen Spannungen und Antagonismen in der Spätphase der absolutistischen Gesellschaft in den deutschen Fürstentümern wider. Dabei handelt es sich nicht nur um Konflikte zwischen den Ständen, sondern auch um solche zwischen einzelnen Figuren innerhalb der Stände. Die zentrale Kontraposition in der Literatur der Zeit ist die zwischen einem aufstrebenden Bürgertum, das sich einer Tugendmoral im Rahmen der Kleinfamilie verpflichtet fühlt, und einer Lebensform am Hofe, die zumindest partiell durch Willkür, Intrige und Laster gekennzeichnet ist. Diese Dichotomie reflektiert schon »in nuce« das Personenverzeichnis des Stückes.

Mit der geschlossenen Handlungsführung korrespondiert die Figurengestaltung des Dramas. Die Anzahl der Figuren ist überschaubar. Diese sind – bei aller sozialen Differenzierung im Einzelnen – relativ hohen Standes. Abgesehen von einzelnen Monolog-Szenen erscheinen sie in Zweier- bzw. Dreierkonstellationen. Ihre Gesinnungen und Verhaltensweisen, ihre Entscheidungsprozesse und ihr Sprechen sind abhängig von sozialen Determinanten, von Rollen und Zwängen höfischer und bürgerlich-familialer Lebensformen. Werden diese durch persönliche Motive, Empfindungen und Ziele unterlaufen, kommt es zu Fehlhandlungen, Missverständnissen und Konflikten.

Mit der Entwicklung des bürgerlichen Trauerspiels ist eine Neukonzeption der Charaktere des Dramas verbunden. Damit die auf der Bühne agierenden Figuren auf das Publikum wirken, also die Teilnahme und das Mitleid der Zuschauer hervorrufen, so Lessing, müssen sie als mittlere oder vermischte Charaktere angelegt sein, d.h. neben edlen Eigenschaften auch habituelle Schwächen zeigen. Nur solche Vermenschlichung der Figuren könne die Empfindungen der Zuschauer stimulieren und sie dazu motivieren, sich mit ihnen zu identifizieren. »Die Namen von Fürsten und Helden«, so formuliert er programmatisch in seiner *Hamburgischen Dramaturgie*, »können einem Stücke Pomp und Majestät geben; aber zur Rührung tragen sie nichts bei. Das Unglück derjenigen, deren Umstände den unsrigen am nächsten kommen, muss natürlicher Weise am tiefsten in unsere Seele dringen; und wenn wir mit Königen Mitleiden haben, so haben wir es mit ihnen als mit Menschen, und nicht als mit Königen.«[1]

Sieht man einmal vom Intriganten Marinelli ab, einer Figur ohne Tiefendimension und Eigenleben, der dem Typus des servilen und glatten Höflings entspricht, so handelt es sich bei allen anderen Figuren um gemischte Charaktere, die in ihren Haltungen schwanken sowie durch innere Spannungen und widersprüchliche Impulse gekennzeichnet sind. Sie machen deutlich, dass die Grenzen zwischen bürgerlicher und höfischer Welt nicht immer parallel zu den Standesgrenzen verlaufen

Mit seiner Selbstbekundung am Schluss des Stückes, »dass Fürsten auch Menschen sind« (S. 87, Z. 31), erfüllt vor allem Hettore Gonzaga diese Forderungen Lessings. Er ist kein schlechthin despotischer Herrscher, aber auch kein aufgeklärter Monarch, da er sich in seinem Handeln – wider die staatspolitische Räson und höfische Konventionen – von seinen Liebesempfindungen für Emilia leiten lässt. In ihrer Moralität und Ungebundenheit entdeckt er Möglichkeiten natürlichen bürgerlichen Lebens, die ihm die Zwangsmechanismen des Hofes verweigern.

Auch der Charakter der Emilia unterliegt im Verlaufe des Stückes erheblichen Schwankungen. Wird sie bei ihrem ersten Auftritt furchtsam und hilflos dargestellt und entspricht in ihren Haltungen dem bürgerlichen Idealbild einer frommen und gehorsamen Tochter, so zeigt sie am Schluss des Stückes – wider ihre sonstige Passivität und Unsicherheit – plötzlich eine

1 Gotthold Ephraim Lessing, *Minna von Barnhelm. Hamburgische Dramaturgie. Werke 1767–1769*, hrsg. von Klaus Bohnen, Berlin 2010, S. 251.

erstaunliche Willens- und Tatkraft, wenn sie ihren Vater auffordert, sie zu töten, damit sie ihre Tugend bewahren kann.

Auch Odoardos Charakter ist komplex und widersprüchlich: Im Familienleben schwankt er zwischen den Rollen des fürsorglichen Vaters und des kompromisslosen Haustyrannen. Gegenüber dem Hof zeigt er sich zunächst stolz und unabhängig, entschieden darauf bedacht, die bürgerliche Wertewelt gegenüber höfischen Ansprüchen und Übergriffen zu verteidigen. Später verhält er sich zögerlich und schwach, verliert er die Selbstsicherheit und lässt sich, verführt von den Appellen Emilias, zu ihrer Tötung hinreißen. In der Schlussszene verharrt er in der Rolle des bloßen Untertan, der sich nach der Tat dem Richtspruch des Fürsten unterwirft.

Von der »rauen Tugend« (S. 27, Z. 3) Odoardos grenzt sich Claudia in ihren Lebensanschauungen ab. Doch auch sie hat einen ambivalenten Charakter. Die fundamentale Opposition ihres Mannes gegen den Hof teilt sie nicht, sondern sucht dessen Nähe, hält sich in der Stadt auf, um Emilia »eine anständige Erziehung« (S. 25, Z. 14) zuteilwerden zu lassen. In ihrem Kommunikationsverhalten taktierend, verharmlost sie, was ihrer Tochter in der Kirche widerfahren ist, und rät ihr, die Begegnung mit dem Prinzen zu verschweigen. Gleichwohl durchschaut sie als Erste den Komplott Marinellis und bezichtigt ihn, in ihrer affektreichen Sprache alle höfischen Spielregeln hinter sich lassend, des feigen Kupplertums und mörderischen Verbrechens.

Selbst das unscheinbare Verhalten Appianis, der nur in vier Szenen auftritt, ist zwiespältig zu beurteilen. Mit seinem Entschluss, Emilia zu heiraten, geht es ihm schon fast mehr darum, sich Odoardos Sohn nennen zu dürfen. Und auch seine Position zum Hof ist nicht eindeutig. Zwar schließt er sich den anti-höfischen Wertvorstellungen Odoardos an, doch seine ernste Stimmung am Tag der geplanten Hochzeit, der ihm mehr wert ist als sein ganzes Leben, ist Zeichen seiner Schwierigkeiten, sich völlig von der höfischen Existenz zu lösen.

Ambivalent in ihren Einstellungen und Verhaltensdispositionen ist auch Orsina. In soziologischer Hinsicht ist sie, abhängig vom Wohlwollen des Prinzen, Mätresse am Hof, gleichzeitig distanziert sie sich vom »Hofgeschmeiß« (S. 60, Z. 9) und bezeichnet Marinelli voller Verachtung als »nachplauderndes Hofmännchen« (S. 61, Z. 7 f.), ist also nicht in der Lage, ihre geistige Überlegenheit mit den Rollenanforderungen des Hofes in Einklang zu bringen. Auch in psychologischer Hinsicht schwankt sie zwischen klarem Erkenntnis- und Urteilsvermögen und blinder Rachsucht.

Aus dieser Gespaltenheit, ja Widersprüchlichkeit der einzelnen Charaktere resultiert ein reges Wechselverhältnis zwischen der höfischen und bürgerlichen Sphäre. In der Dynamik der Interaktionen zeigt sich die soziale Desorientierung der Figuren. Hier interferieren konträre gesellschaftliche Orientierungsmuster, die die Figuren in ihrer Identität verunsichern. Was alle Figuren des Dramas miteinander verbindet, ist die Tatsache, dass sie nicht in der Lage sind, Affekt und Verstand in ihrer Lebenspraxis auszubalancieren: »Unter dem Druck rasch wechselnder Umstände kann jeder von ihnen diese oder jene Richtung einschlagen. So stark ist dieser Druck, dass ihnen wenig Zeit zum Nachdenken bleibt, und mit wenigen Ausnahmen erlauben ihre rapide vorangetriebenen […] Dialoge nur begrenzte Einsicht in ihre seelische Verfassung.«[2]

2 Hugh Barr Nisbet, *Lessing. Eine Biographie*, aus dem Engl. übers. von Karl S. Guthke, München 2008, S. 646.

Unterrichtsverlauf

Überblick. Thema der Stunde ist die Charakterisierung der Hauptfiguren und die Analyse ihrer wechselseitigen Beziehungen. Ausgehend von einer statistischen Untersuchung, wie häufig sie in den jeweiligen Szenen auftreten und einander begegnen, werten die Schülerinnen und Schüler die ermittelten Daten in qualitativer Hinsicht aus und charakterisieren die Hauptfiguren der bürgerlichen und höfischen Sphäre. Abschließend stellen sie deren Interaktionsverhältnisse in Form einer grafischen Figurenkonstellation dem Plenum vor.

Phase	Thema	Sozialform	Kompetenzen und Lernziele	Materialien
Voraussetzungen: Kenntnis des gesamten Dramas				
10.1	Figurenanalyse: quantitativ	EA / UG	• Die Häufigkeit des Auftretens der Figuren sowie die Anzahl und Orte ihrer Begegnungen im Drama ermitteln	ARBEITSBLATT 9b ➤ S. 60
10.2	Figurenanalyse: qualitativ	PA / UG	• Zentrale interaktionelle Beziehungen zwischen den Figuren anhand der Auswertung der statistischen Daten erschließen	ARBEITSBLATT 9b ➤ S. 60
10.3	Die Figurenkonstellation im Drama	GA / UG	• Ein Schaubild zur Figurenkonstellation im Drama entwerfen	TAFELBILD 10 ➤ S. 64 ARBEITSBLATT 10 ➤ S. 66
HA	Intensive Lektüre der drei Monologe im 5. Aufzug			*Emilia Galotti*, Reclam XL, S. 75, 77, 83

10.1 Figurenanalyse: quantitativ

Unterrichtsschritt. Zu Beginn stellen die Schülerinnen und Schüler die quantitativen Ergebnisse ihrer häuslichen Bearbeitung von ARBEITSBLATT 9b vor (Hausaufgabe der 9. Stunde, s. S. 58). EA / UG

ARBEITSBLATT 9b ➤ S. 60

Erläuterungen. Folgende Befunde zur Auftretenshäufigkeit der Figuren (Aufgabe 1) und der Zahl und Orte ihrer Begegnungen in den Auftritten des Dramas (Aufgabe 2) können festgehalten werden:

1. Geht man von der Häufigkeit der Auftritte der Figuren und von ihren Redeanteilen aus, dann stehen Marinelli, Hettore Gonzaga und Odoardo im Vordergrund des Dramas.
2. Am häufigsten erscheint Marinelli auf der Bühne, und zwar in allen Akten.
3. Obwohl Emilia die Titelfigur ist, ist die Anzahl ihrer Auftritte auffällig gering. Auf der Bühne erscheint sie nur im dritten und fünften Aufzug. Das ist nicht verwunderlich, da sie, sieht man vom Schluss des Dramas ab, fast immer nur Gegenstand der Gespräche der anderen Figuren ist.
4. Von allen Dramenfiguren treffen der Prinz und Marinelli am häufigsten zusammen.

10.2 Figurenanalyse: qualitativ

Unterrichtsschritt. In Partnerarbeit setzen sich die Schülerinnen und Schüler mit der Frage auseinander, welche inhaltlichen Erkenntnisse sich aus der Figurenstatistik für eine Bestimmung der Figurenkonstellationen im Drama gewinnen lassen. Anschließend tragen einzelne Schüler dem Plenum ihre Beobachtungen vor. Im nachfolgenden Unterrichtsgespräch werden diese ergänzt und im Hinblick darauf geprüft, ob sie Bausteine für eine Bestimmung der Figurenkonstellation im Drama erbringen.

PA / UG

ARBEITSBLATT 9b ➤ S. 60

TAFELBILD 10

Die Figurenkonstellation im Drama

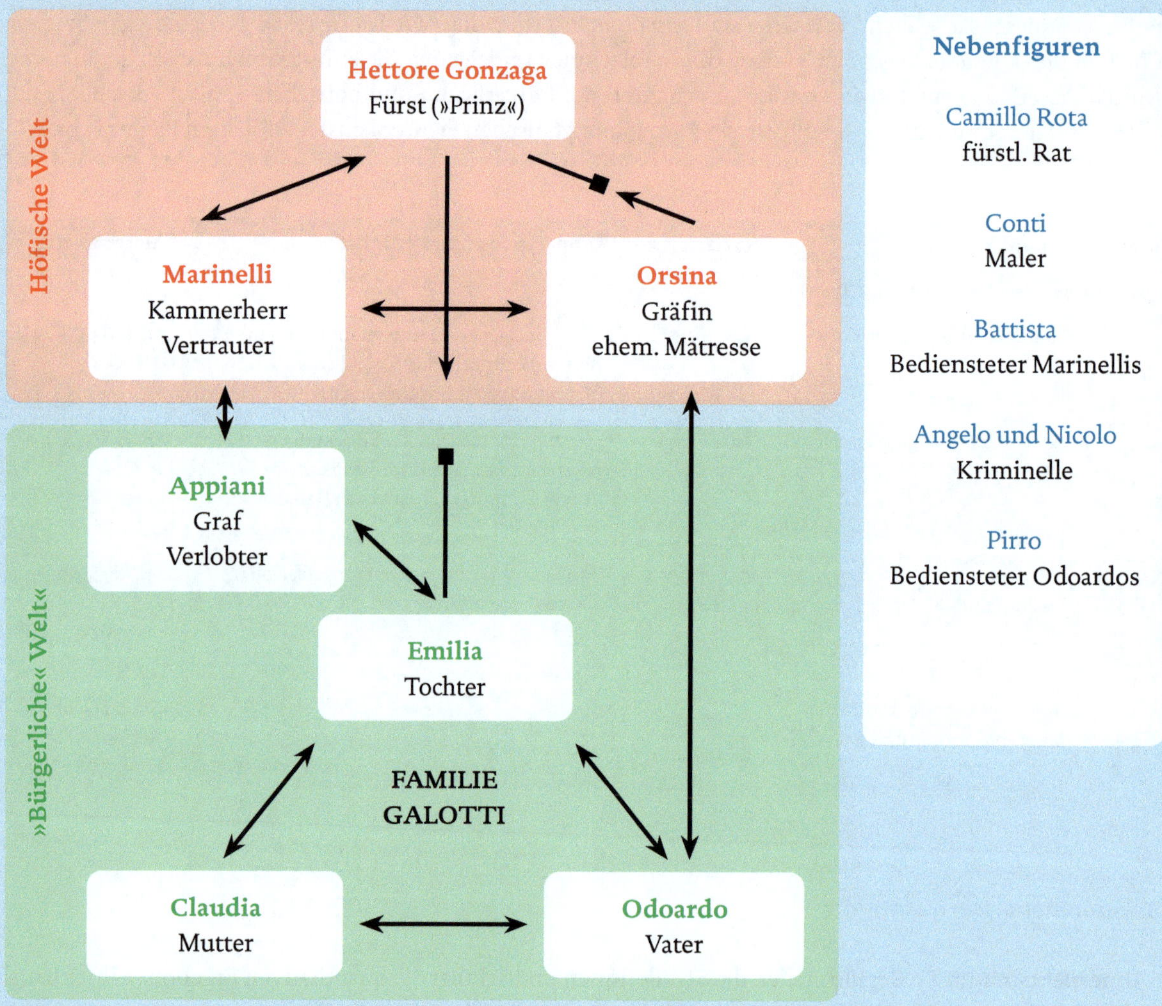

Nach: Theodor Pelster, *Reclam Lektüreschlüssel XL. G. E. Lessing: Emilia Galotti*, Stuttgart: Reclam, 2017, S. 43 (mit leichten Änderungen).

Erläuterungen. Folgende Ergebnisse sind zu erwarten:

1. Der quantitative Befund wird bestätigt durch die qualitative Analyse. Es ist evident, dass mit der Auftretenshäufigkeit von Hettore, Odoardo und Marinelli und ihren Redeanteilen auch eine inhaltliche Dominanz dieser Figuren gegeben ist. Man kann sie durchaus als Hauptrollen im Drama charakterisieren.
2. Odoardo und Hettore sind Gegenspieler im Drama. Ihre Ausnahmeposition im Figurenensemble unterstreicht der Autor dadurch, dass er Hettore im ersten Aufzug und Odoardo im Schlussakt Gelegenheit gibt, ihre Gefühle und Gedanken jeweils in drei Monologen zu äußern. Zu einem Duell auf Leben und Tod zwischen beiden kommt es aber nicht. Die Lebenssphären der beiden Figuren sind – das zeigen die ersten beiden Akte – deutlich voneinander geschieden. Erst in V,5 und V,8 kommt es zu einer Begegnung der beiden Figuren. Das gilt auch für Odoardo und Emilia. Erst zum Schluss des Stückes treffen sie zusammen.
3. Die Häufigkeit des Auftretens Marinellis erklärt sich aus seiner Rolle als Intrigant. Er knüpft die Fäden, bereitet den Anschlag auf Appiani vor, unterhält Kontakte zu allen anderen Personen des Dramas, und zwar auch oder gerade zu den Bediensteten, die die »schmutzige Arbeit« für ihn verrichten. Dabei überschreitet er Grenzen, indem er als Gesandter des Prinzen in den bürgerlichen Lebensbereich eindringt. Er ist auch zum Schluss der dramatische Aktivposten des Stückes schlechthin, verhandelt mit den Angehörigen der Familie Galotti und versucht die Angriffe der Orsina abzuwehren und sie vom Prinzen fernzuhalten.
4. Die Tabelle zeigt auch, welche Figuren im Stück einander nicht begegnen. Das ist besonders auffällig im Fall

von Appiani, Odoardo und dem Prinzen. Auf konkrete Begegnungen verzichtet Lessing deshalb, weil Odoardo und Appiani in Gesprächen mit anderen Figuren wechselseitig einander als idealen Schwiegersohn und Schwiegervater preisen. Und auch der Prinz betont im Gespräch mit Marinelli seine Sympathie für Appiani, bezeichnet ihn als würdigen, jungen Mann voller Ehre. Auch hier kommt es nicht zu einer Begegnung. Vermieden hat Lessing auch eine Konfrontationsszene zwischen Orsina und Emilia, weil Orsina ziemlich schnell durchschaut, dass Emilia bloß Opfer der Nachstellungen des Prinzen ist.

10.3 Die Figurenkonstellation im Drama

Unterrichtsschritt. In der abschließenden Lernsequenz soll arbeitsteilig in Gruppen eine umfassende Grafik zur Figurenkonstellation im Drama erstellt werden. Die Arbeit verläuft – analog zu den Aufträgen des ARBEITSBLATT 10 – in drei Phasen. Zunächst grenzt die jeweilige Gruppe die Haupt- und Nebenfiguren anhand ihrer Auftretenshäufigkeit und dramaturgischen Bedeutung im Stück voneinander ab. Dann wählt sie zwei Bezugsfiguren im Drama aus und charakterisiert diese stichwortartig. Abschließend macht sie durch Anordnung der Karten Gruppierungen der Figuren und durch Beschriftung der Pfeile ihre Beziehungen kenntlich. Die Ergebnisse werden auf der Tafel (oder einem Plakat) festgehalten (z. B. TAFELBILD 10).

GA / UG

TAFELBILD 10
➤ S. 64

ARBEITSBLATT 10
➤ S. 66

Hausaufgabe

Intensive Lektüre der drei Monologe Odoardos im 5. Aufzug: V,2.4.6 (*Emilia Galotti*, Reclam XL, S. 75, 77, 83).

ARBEITSBLATT 10

Die Figurenkonstellation im Drama

Emilia Galotti	Odoardo Galotti	Claudia Galotti
Hettore Gonzaga	Marinelli	Gräfin Orsina
Conti	Graf Appiani	Camillo Rota
Angelo und Nicolo	Pirro	Battista

Arbeitsaufträge:

1. Bestimmen Sie Haupt- und Nebenfiguren im Drama.
2. Tragen Sie in die Kästchen stichwortartig Charaktermerkmale und Einstellungen der Hauptfiguren ein.
3. Schneiden Sie die Kästchen aus und erstellen Sie ein Strukturbild des Dramas, das die Beziehungen der Figuren darstellt. Welche Figuren gehören zusammen? Kennzeichnen Sie durch beschriftete Pfeile die Beziehungen der Figuren.

11 Den Kontrast zwischen dem Tugendrigorismus Odoardos und seiner Handlungsohnmacht erfassen (V,2; V,4; V,6)

Sachanalyse

Nachdem Odoardo am Ende des 4. Aufzugs gemeinsam mit Claudia das Schloss verlassen hat, kehrt er zu Beginn des 5. Aktes in den Vorsaal zurück. Die ganze Aufmerksamkeit des Zuschauers gilt nun ihm: Welche Gefühle und Gedanken bewegen ihn? Wie wird er auf die Enthüllungen der Orsina reagieren? Wird er mit dem Dolch, den sie ihm gegeben hat, den Prinzen töten? Vergegenwärtigt man sich den bisherigen Handlungsverlauf und Odoardos Vorstellung als kompromisslosen Vertreter der Moral, der sich vor allem um die sexuelle Unberührtheit seiner Tochter sorgt, dann erwartet man, dass er den Mord an Appiani rächen wird. Doch diese Erwartung wird enttäuscht. Anhand von drei Monologen, die in abgestufter Weise die auf eine Entscheidung drängende Handlung kunstvoll retardieren, gewährt Lessing dem Zuschauer Einblick in die zwischen Selbstzweifeln und Selbstbehauptung, Affekt und Gelassenheit schwankende Gefühlswelt Odoardos.

1. Monolog (V,2). Nach seiner Rückkehr versucht Odoardo zunächst seine Gedanken zu sammeln und zu ordnen. Angestachelt und aufgewühlt von der Mitteilung Orsinas (»Nun da; buchstabieren Sie es zusammen! – Des Morgens, sprach der Prinz Ihre Tochter in der Messe; des Nachmittags, hat er sie auf seinem Lust- – Lustschlosse.«, S. 70, Z. 3–5), mahnt er sich selbst zur Ruhe und bemüht sich Distanz zu dem zu gewinnen, was er von Orsina an Neuem erfahren hat, und die wahren Beweggründe ihres Handelns zu ermitteln. Allmählich dämmert es ihm, dass er sich von den Rachegelüsten einer »Eifersüchtigen; von einer für Eifersucht Wahnwitzigen« (S. 75, Z. 19 f.) in seinen Empfindungen hat fortreißen lassen: »Was hat«, so fragt er sich, »die gekränkte Tugend mit der Rache des Lasters zu schaffen?« (S. 75, Z. 20 f.) Es geht ihm allein um die Rettung der Tugend. Die Vergeltung des Mordes seines Schwiegersohnes will er einer anderen Instanz, dem schlechten Gewissen des Prinzen oder Gott überlassen. In einer an Worte der Bibel erinnernden Schreckensvision simuliert er die Bestrafung des Prinzen für das Verbrechen, was er an der Familie begangen hat. Damit glaubt er seine fehlende Handlungsbereitschaft kompensieren zu können.

2. Monolog (V,4). Auslöser für das zweite Selbstgespräch Odoardos ist die Mitteilung Marinellis, dass Emilia nach Guastalla gebracht werden soll, damit dort in ihrem Beisein das an Appiani begangene Verbrechen untersucht wird. Da Odoardo dies abgelehnt hat, will Marinelli dem Prinzen, mit dem er sich latent im Einvernehmen sieht, die Entscheidung überlassen. Kurzzeitig blitzt zu Beginn des Monologs Odoardos Wille zum Widerstand gegen absolutistische Willkür auf. Er will den Kampf mit dem Prinzen aufnehmen, wähnt sich auf Augenhöhe mit ihm: »Wer kein Gesetz achtet«, so begehrt er in seinem Inneren auf, »ist ebenso mächtig, als wer kein Gesetz hat« (S. 77, Z. 16 f.). Doch auch dieses Mal weichen seine Empörung und sein Zorn einer quietistischen Haltung. Der affektbestimmte Handlungsimpuls wird von ihm im Keim erstickt: »Aber, sieh da! Schon wieder; schon wieder rennet der Zorn mit dem Verstande davon. – Was will ich? Erst müsst es doch geschehen sein, worüber ich tobe« (S. 77, Z. 18–20). Aus gesetzlichen Bindungen will er sich nicht lösen, weiterhin will er die Rolle des willfährigen Untertans spielen und sich dem abschließenden Richtspruch des Prinzen unterwerfen.

Das zeigt sich auch in der folgenden Szene, in der er dem Prinzen im Stück erstmals begegnet. Unterschwellig, in einer Mischung aus Stolz und Unterwürfigkeit betont er zunächst die Trennung von bürgerlicher und höfischer Sphäre: »Gnädiger Herr, ich halte es in allen Fällen für unanständig, sich zu seinem Fürsten zu drängen. Wen er kennt, den wird er fodern lassen, wenn er seiner bedarf. Selbst itzt bitte ich um Verzeihung –« (S. 78, Z. 7–10). Doch seine Abhängigkeit von der Obrigkeit leugnet er damit nicht. Seine Vorstellung von Tugend, der er sich rigoros verschrieben hat, ist für ihn, der an der politischen Macht nicht partizipiert, der einzige, der letzte Ort passiven Widerstands.

3. Monolog (V,6). Nachdem der Prinz verfügt hat, Emilia in das Haus des Kanzlers Grimaldi in eine besondere, »die alleranständigste« (S. 81, Z. 33) Verwahrung zu bringen, scheint der Widerstand Odoardos gebrochen. Vorgeblich willigt er in den Plan des Prinzen ein, doch bittet er ihn, die Tochter noch einmal unter vier Augen sprechen zu dürfen. Allein im Saale zurückbleibend, hier zwischen Empörung und Sarkasmus schwankend, ist er weiterhin nicht in der Lage, einen festen Entschluss zu fassen und diesen in Handlung umzusetzen, nachgerade das ihn fesselnde Netz von absolutistischer Macht und juristischer Scheinlegitimation durch beherztes Eingreifen zu zerreißen. Von Selbstzweifeln geplagt, hegt er für einen Augenblick sogar Argwohn gegen die eigene Tochter, sie habe hinter seinem Rücken im heimlichen Einverständnis mit dem Prinzen ein lügnerisches Possenspiel gegen ihn aufgeführt. Ein letztes Mal zeigt er sich als handlungsunfähiger Untertan. »An die Stelle der Bestrafungs- und Machtphantasien tritt jetzt eine Rettungsphantasie, durch die sich Odoardo von seiner väterlichen Pflicht suspendiert, die Tochter zu beschützen. Seine eigene Ohnmacht ersetzt er durch die Allmacht Gottes, dem er die Rettungstat zuweist, während er selbst fliehen will.«[1] Ein letztes Mal beugt er sich der fürstlichen Gewalt, ist nicht bereit, Verantwortung zu übernehmen: »Fort, fort! Ich will sie nicht erwarten. Nein! – *(Gegen den Himmel.)* Wer sie unschuldig in diesen Abgrund gestürzt hat, der ziehe sie wieder heraus. Was braucht er meine Hand dazu? Fort!« (S. 83, Z. 19–22)

Alle drei Monologe gewähren dem Publikum Einsicht in die fragile Psyche Odoardos. Es wird zum Zeugen seiner Empfindungen und Gedanken, seiner schwankenden Haltungen, kann die Genese und den Verlauf seiner inneren Denk- und Gefühlsbewegungen unmittelbar nachvollziehen und ihre Facetten, Turbulenzen und Widersprüche erfassen. Hat Odoardo eine Position eingenommen, so wird diese von ihm sogleich wieder relativiert bzw. zurückgenommen. Ist Odoardo noch zu Beginn seiner Selbstgespräche entschlossen, die Tugend der Tochter zu retten, so will er sie am Ende ihrem Schicksal überlassen.

Die sprachliche Gestaltung der Monologe ist hier – das macht sie den Ausdrucksformen in den zeitgenössischen Sturm-und-Drang-Dramen ähnlich – ein wichtiges Mittel impliziter Selbstcharakterisierung der Figur. Sie spiegelt die Unsicherheit Odoardos wider: »Da gibt es die den Gegenstand einkreisenden Ketten von Fragen und Behauptungen, die sich gegenseitig relativieren, denen neue Fragen, neue probeweise Behauptungen folgen, denen sich wiederum Präzisierungen, Schlussfolgerungen, Zweifel, Annahmen [...] anschließen. Die Texte sind durchsetzt von Frage- und Ausrufungszeichen, von Gedankenstrichen, kennen einen extensiven Gebrauch von Modalverben.«[2]

Vergleicht man seine unsichere Haltung in den Monologen mit seiner von ihm zu Anfang als eitel und töricht gescholtenen Frau, so sind die Unterschiede zwischen beiden Figuren evident: Während er sich außerhalb der familialen Sphäre unfähig zeigt, die ihm als Hausvater zugeschriebene Rolle des Beschützers wahrzunehmen, sucht sie die offene Auseinandersetzung mit dem Hof. Den Prinzen bezeichnet sie als Urheber des »Bubenstück[s]« (S. 53, Z. 11), Marinelli als »Mörder« (S. 53, Z. 12) und »Kuppler« (S. 53, Z. 19 f.).

1 Günter Saße, *Die aufgeklärte Familie. Untersuchungen zur Genese, Funktion und Realitätsbezogenheit des familialen Wertsystems im Drama der Aufklärung*, Tübingen 1988, S. 207.

2 Horst Steinmetz, »*Emilia Galotti*«, in: *Interpretationen. Lessings Dramen*, Stuttgart 1987, S. 87–137, hier S. 94.

Unterrichtsverlauf

Überblick. Anhand der drei Monologe Odoardos im fünften Aufzug soll die Fähigkeit des gestaltenden Vorlesens und Sprechens erprobt werden, mit dem Ziel, dessen psychische Dispositionen und Haltungen gegenüber Emilia und dem Prinzen durch para- und nonverbale Ausdrucksmittel zu veranschaulichen und herauszuarbeiten. Zu dem Zweck wird eine Sprechpartitur der Texte erstellt. In der abschließenden Arbeitsphase werden Bedeutung und Funktion der drei Monologe im Handlungszusammenhang des Dramas untersucht.

Phase	Thema	Sozialform	Kompetenzen und Lernziele	Materialien
Voraussetzungen: Kenntnis des gesamten Dramas				
11.1	Inhalt und dramaturgischer Zusammenhang	EA / UG	• Den Inhalt der drei Monologe durch stilles Lesen erfassen und ihren dramaturgischen Zusammenhang nachvollziehen	ARBEITSBLATT 11 ➤ S. 71 f.
11.2	Paraverbale Aspekte des Vorlesens	EA / UG	• Die Monologe vorlesen und paraverbale Aspekte des Sprechens thematisieren	ARBEITSBLATT 11 ➤ S. 71 f.
11.3	Entwicklung und Umsetzung einer Sprechpartitur	GA / UG	• Eine Sprechpartitur für die jeweiligen Monologe entwickeln und diese präsentieren	ARBEITSBLATT 11 ➤ S. 71 f. VORLAGE 11a ➤ S. 70
11.4	Bedeutung und Funktion der Monologe	UG	• Die Bedeutung der Monologe in ihrem Entwicklungszusammenhang nachvollziehen und deren Funktion im Kontext des Dramas beurteilen	ARBEITSBLATT 11 ➤ S. 71 f.
HA	Charakter und Rollenbild Emilias			VORLAGE 11b ➤ S. 70 *Emilia Galotti*, Reclam XL, S. 83–87

11.1 Inhalt und dramaturgischer Zusammenhang

Unterrichtsschritt. Die Schülerinnen und Schüler lesen in Einzelarbeit die drei Szenen V,2, V,4 und V,6 (ARBEITSBLATT 11 ***Die Monologe Odoardos***) und rekonstruieren deren Zusammenhang (Arbeitsauftrag 1), der im Unterrichtsgespräch vorgestellt wird.

EA / UG

ARBEITSBLATT 11 ➤ S. 71 f.

Erläuterungen. Vorlesen und Vortragen der Monologe setzen ein elementares Textverständnis voraus. Dies erlangen die Schülerinnen und Schüler, wenn sie sich durch stilles Lesen den Inhalt und dramaturgischen Zusammenhang der Monologe vergegenwärtigen. Das impliziert allerdings noch nicht, deren Intentionalität zu verstehen bzw. korrespondierend dazu Deutungshypothesen zu ihnen zu entwickeln. Häufig werden diese später durch unterschiedliche Lesarten und Sprechweisen der Texte sinnfällig.

11.2 Paraverbale Aspekte des Vorlesens

Unterrichtsschritt mit Erläuterungen. Die Schülerinnen und Schüler bearbeiten in Einzelarbeit den Arbeitsauftrag 2 auf ARBEITSBLATT 11 und lesen mit den gewonnenen Erkenntnissen die Monologe vor. Sie erhalten im Unterrichtsgespräch ein Feedback. Über inhaltliche Aspekte hinaus äußert sich das Plenum zur Sprechweise der Vorleser. Der Fokus der Beobachtungen im Unterrichtsgespräch sollte hier nicht auf richtigem, sondern gestaltendem Vorlesen liegen. Dabei werden die Schülerinnen und Schüler schon bekannte Ausdrucksformen und paraverbale Aspekte des Sprechens, wie z. B. Lautstärke, Tempo, Betonung usw., ansprechen.

EA / UG

ARBEITSBLATT 11 ➤ S. 71 f.

11.3 Entwicklung und Umsetzung einer Sprechpartitur

Unterrichtsschritt. Danach ist arbeitsteilige Gruppenarbeit einzurichten. Jede Gruppe entwickelt mithilfe bestimmter paraverbaler Lese- und Sprechzeichen (VORLAGE 11a ***Aspekte des gestaltenden Vorlesens***) eine Sprechpartitur des jeweiligen Monologs, bestimmt also auf dem ARBEITSBLATT 11 mögliche Sprechhaltungen, markiert Stellen (Silben, Wörter, Wendungen), die mit besonderem Nachdruck, laut oder leise gesprochen oder an denen pausiert und das Sprechtempo gedrosselt werden sollen (Arbeitsauftrag 3). Zuletzt einigt sich die Gruppe, wer den Text vorlesen soll, und präsentiert ihn anschließend dem Plenum.

GA / UG

ARBEITSBLATT 11 ➤ S. 71 f.

VORLAGE 11a ➤ S. 70

VORLAGE 11a

Aspekte des gestaltenden Vorlesens

Lese- und Sprechhilfen	Mögliche Sprechhaltungen
I = kurze Pause II = lange Pause _ = Betonung von Silben, wichtigen Wörtern und Wendungen durch Unterstreichungen ≤ = leise sprechen ≥ = laut sprechen → = schnell sprechen ← = langsam sprechen	dramatisch hektisch ruhig besonnen bestimmend resignierend wütend zweifelnd höhnisch

VORLAGE 11b

Charakter und Rollenbild Emilias

Arbeitsauftrag:
Vergegenwärtigen Sie sich noch einmal den Charakter und das Rollenbild Emilias, wie es in den Szenen **II,6; II,7; III,4 und III,5** vorgestellt wird. Lesen Sie anschließend die beiden Schlussszenen **V,7 und V,8** gründlich durch (*Emilia Galotti*, Reclam XL, S. 83–87). Wählen Sie aus der Szene **V,7** eine Äußerung Emilias aus, die Sie für besonders wichtig erachten. Begründen Sie Ihre Entscheidung.

11.4 Bedeutung und Funktion der Monologe

UG

ARBEITSBLATT 11
➤ S. 71 f.

Unterrichtsschritt. Im abschließenden Unterrichtsgespräch geht es nicht nur darum, den Vorlesenden eine Rückmeldung zu geben, sondern um inhaltliche Aspekte des gestaltenden Vorlesens. Der Gesprächsverlauf orientiert sich an folgenden Leitfragen:

- Welche Gefühle, Stimmungen und Gedanken Odoardos werden durch besondere Betonungen verdeutlicht?
- Wo drückt sich in seinem Sprechen seine Unentschiedenheit und Unsicherheit aus?
- Wie können diese durch Sprechtempo, Lautstärke und Pausierung kenntlich gemacht werden?
- Welche Sprechhaltungen zeigt er gegenüber Orsina, dem Prinzen und Emilia?

Abschließend ist zu klären, welchen funktionalen Stellenwert die drei Monologe Odoardo im gesamten Trauerspiel haben.

VORLAGE 11b
➤ S. 70

Hausaufgabe

Die Schülerinnen und Schüler bereiten mittels der VORLAGE 11b ***Charakter und Rollenbild Emilias*** die Untersuchung des Dramenschlusses in der folgenden 12. Stunde vor.

Die Monologe Odoardos

5. Aufzug, 2. Auftritt

»ODOARDO GALOTTI. Noch niemand hier? – Gut; ich soll noch kälter werden. Es ist mein Glück. – Nichts verächtlicher, als ein brausender Jünglingskopf mit grauen Haaren! Ich hab es mir so oft gesagt. Und doch ließ ich mich fortreißen: und von wem? Von einer Eifersüchtigen, von einer für Eifersucht Wahnwitzigen. – Was hat die gekränkte Tugend mit der Rache des Lasters zu schaffen? Jene allein hab ich zu retten. – Und deine Sache, – mein Sohn! mein Sohn! – Weinen konnt ich nie; – und will es nun nicht erst lernen – Deine Sache wird ein ganz anderer zu seiner machen! Genug für mich, wenn dein Mörder die Frucht seines Verbrechens nicht genießt. – Dies martere ihn mehr, als das Verbrechen! Wenn nun bald ihn Sättigung und Eckel von Lüsten zu Lüsten treiben, so vergälle die Erinnerung, diese eine Lust nicht gebüßet zu haben, ihm den Genuss aller! In jedem Traume führe der blutige Bräutigam ihm die Braut vor das Bette, und wann er dennoch den wollüstigen Arm nach ihr ausstreckt, so höre er plötzlich das Hohngelächter der Hölle, und erwache!«

5. Aufzug, 4. Auftritt

»ODOARDO GALOTTI. Wie? – Nimmermehr! – Mir vorschreiben, wo sie hin soll? – Mir sie vorenthalten? – Wer will das? Wer darf das? – Der hier alles darf, was er will? Gut, gut; so soll er sehen, wie viel auch ich darf, ob ich es schon nicht dürfte! Kurzsichtiger Wüterich! Mit dir will ich es wohl aufnehmen. Wer kein Gesetz achtet, ist ebenso mächtig, als wer kein Gesetz hat. Das weißt du nicht? Komm an! komm an! – Aber, sieh da! Schon wieder; schon wieder rennet der Zorn mit dem Verstande davon. – Was will ich?

Erst müsst es doch geschehen sein, worüber ich tobe. Was plaudert nicht eine Hofschranze! Und hätte ich ihn doch nur plaudern lassen! Hätte ich seinen Vorwand, warum sie wieder nach Guastalla soll, doch nur angehört! – So könnte ich mich itzt auf eine Antwort gefasst machen. – Zwar auf welchen kann mir eine fehlen? – Sollte sie mir aber fehlen; sollte sie – Man kömmt. Ruhig, alter Knabe, ruhig!«

5. Aufzug, 6. Auftritt

»ODOARDO GALOTTI. *(Ihm nachsehend, nach einer Pause.)* Warum nicht? – Herzlich gern – Ha! ha! ha! – *(Blickt wild umher.)* Wer lacht da? – Bei Gott, ich glaub, ich war es selbst. – Schon recht! Lustig, lustig. Das Spiel geht zu Ende. So, oder so! – Aber – *(Pause)* wenn sie mit ihm sich verstünde? Wenn es das alltägliche Possenspiel wäre? Wenn sie es nicht wert wäre, was ich für sie tun will? – *(Pause.)* Für sie tun will? Was will ich denn für sie tun? – Hab ich das Herz, es mir zu sagen? – Da denk ich so was: So was, was sich nur denken lässt. – Grässlich! Fort, fort! Ich will sie nicht erwarten. Nein! – *(Gegen den Himmel.)* Wer sie unschuldig in diesen Abgrund gestürzt hat, der ziehe sie wieder heraus. Was braucht er meine Hand dazu? Fort! *(Er will gehen und sieht Emilien kommen.)* Zu spät! Ah! er will meine Hand; er will sie!«

Emilia Galotti, Reclam XL, S. 75, 77, 83.

Arbeitsaufträge:

1. Lesen Sie die Monologe Odoardos und rekonstruieren Sie in Einzelarbeit den inhaltlichen Zusammenhang der drei Monologe Odoardos. Skizzieren Sie stichwortartig in der Art eines Erzählers aus dem Off einen Text, der inhaltlich zum ersten Monolog (V,2) hinführt, und anschließend weitere Texte, die den Übergang vom ersten zum zweiten (V,2–4) und vom zweiten zum dritten Monolog (V,4–6) verdeutlichen.
2. Klären Sie, welche Gefühle und Gedanken Odoardo zeigt und welche Beziehungen er in der jeweiligen Situation zu Emilia und dem Prinzen hat.
3. Bilden Sie drei Gruppen und entwickeln Sie arbeitsteilig zu den jeweiligen Monologen eine Sprechpartitur, die die Stimmungen und Sprechhaltungen Odoardos veranschaulicht.

12 Warum stirbt Emilia? – Verantwortung und Schuld im Drama reflektieren (V,7 und V,8)

Sachanalyse

Mit dem Tod der Titelfigur schließt das Stück. Doch bleibt die Schwierigkeit, wie dieser gemeint und zu verstehen ist. Ein zentraler Anlass für die kontroversen Diskurse und Deutungen des Dramas ist das »Defizit an pragmatischer Motivierung«[1], das mit dem Tod Emilias verbunden ist. Wer ist verantwortlich für die Katastrophe? Warum stirbt sie? Und mit diesen beiden Fragen verbinden sich weitere: Weshalb tötet Odoardo seine Tochter und nicht den Prinzen? Welche Motive liegen seiner Tat zugrunde? Ist es eine Tötung aus Affekt oder Produkt seiner übersteigerten Tugendvorstellungen? Warum flieht er nicht einfach mit seiner Tochter? Und welche Motive bewegen Emilia, wenn sie ihren Vater zur Tat anstachelt? Warum hat sie Angst davor, den Verführungskünsten des Prinzen, der doch immerhin ihren Verlobten ermorden ließ, nicht widerstehen zu können? Welche Rolle spielt in diesem Zusammenhang das ideelle Motiv der Bewahrung ihrer Tugend, die über den Despotismus triumphieren soll? Oder signalisiert nicht gerade deren Verklärung das Unvermögen, ja Ohnmacht des Bürgers, sich im Konflikt mit der lasterhaften Welt des Hofes überhaupt behaupten zu können? Je nachdem, wie diese Fragen beantwortet werden, ergeben sich unterschiedliche, partiell sich widersprechende Deutungshypothesen zum Trauerspiel. In deren Zentrum steht vor allem der übersteigerte Tugendbegriff Emilias und dessen Beziehung zu der von ihr thematisierten möglichen Verführbarkeit.

Das erste und das einzige Mal im Stück kommt es in der vorletzten Szene des Dramas (V,7) zu einem Gespräch zwischen Vater und Tochter. In ihr erscheint Emilia, bislang immer nur Objekt in den Reden der Eltern und abhängig von ihren Entscheidungen, erstmals in einer aktiveren Rolle, als leibhafte Person mit eigenen Dispositionen, Vorstellungen und Ansprüchen. Während sie sich im bisherigen Handlungsverlauf ziemlich hilflos, furchtsam und passiv präsentierte, ist sie hier plötzlich ruhig und beherrscht, ergreift schließlich selbst die Initiative und fordert den Vater auf, sie zu töten. Das geschieht in einer distanzierten, auf gebildeten Anspielungen und kasuistischen Argumenten basierenden Redeweise, die mehr den Anschein erweckt, sie sei reflektierter Teilnehmer an einer förmlichen Debatte als ein Mensch in einer persönlichen Krisensituation.[2] Paradoxerweise gewinnt sie am Ende des Stückes nur dadurch ein ›individuelles‹ Profil, dass sie das bürgerliche Tugend- und Erziehungssystem des Vaters ins Extrem steigert, ihn moralisch zu überbieten sucht, indem sie ihn – im Rekurs auf das historische Exempel des moralischen Übervaters (»Ehedem wohl gab es einen Vater, der seine Tochter von der Schande zu retten, ihr den ersten den besten Stahl in das Herz senkte«, S. 86, Z. 19–21) – an seine Pflichten erinnert: Was der Vater ihr anerzogen hat, fordert sie nun praktisch von ihm ein, nämlich die kompromisslose Durchsetzung bürgerlicher Moral in einer Welt, die sie in ihrer behüteten Rolle als Tochter in dem begrenzten Bereich der Familie nie kennengelernt hat und deren Gefährdungen, d. h. vor allem deren Verführungspotenzial, sie sich in ihrer sinnlichen Natur nicht gewachsen fühlt: »Was Gewalt heißt, ist nichts: Verführung ist die wahre Gewalt. – Ich habe Blut, mein Vater; so jugendliches, so warmes Blut, als eine. Auch meine Sinne, sind Sinne« (S. 85, Z. 25–28). Dennoch, irritierend ist in diesem Zusammenhang die Situation, in der sie von ihrer eigenen Verführbarkeit spricht, denn gerade hat sie erfahren, dass ihr Verlobter getötet wurde.

Schon Friedrich Nicolai, der seit den 1750er Jahren mit Lessing freundschaftlich verbundene Buchhändler, schildert anlässlich der Uraufführung des Stückes in seinem Brief vom 7. April 1772 an den Autor das Befremden der Zuschauer über diese Aussage Emilias: »Viele haben es nicht begreifen können, und halten es für unnatürlich, dass der Vater seine geliebte Tochter bloß aus *Besorgnis der Verführung erstechen* könne. Diese aber sehen die große Wahrheit nicht ein, die Emilia sagt, dass Gewalt nicht Gewalt, sondern dass Verführung, liebreizende Verführung, Gewalt ist.«[3] Noch deutlicher äußerte Matthias Claudius seine Verwunderung und Irritationen über diese Aussage Emilias: »Eines kann *ich* mir in diesem Augenblick nicht recht auflösen, wie nämlich die Emilia [...] sozusagen bei der Leiche ihres Appiani an die Verführung eines

1 Wilfried Barner [u. a.], *Lessing: Epoche – Werk – Wirkung*, München [6]1998, S. 218.

2 Vgl. Hugh Barr Nisbet, *Lessing. Eine Biographie*, übers. von Karl S. Guthke, München 2008, S. 646, 650.

3 Friedrich Nicolai, Brief an G. E. Lessing vom 7. April 1772, in: *Gotthold Ephraim Lessings sämtliche Schriften*, hrsg. von Karl Lachmann, 23 Bde., 3., durchges. und verm. Aufl., besorgt durch Franz Muncker, Stuttgart [u. a.] 1886–1924 [Bde. 17–21: *Briefe von und an Gotthold Ephraim Lessing*], Bd. 20, S. 157 f., zit. nach: Gesa Dane, *Erläuterungen und Dokumente. Gotthold Ephraim Lessing: Emilia Galotti*, Stuttgart 2002, S. 88 f.

andern und dabei an ihr warmes Blut denken konnte. Mich dünkt ich hätte in ihrer Stelle halb nacket durch ein Heer der wollüstigsten Teufel gehen wollen, und keiner hätte es wagen sollen mich anzurühren.«[4]

Gleichwohl ist Emilias Haltung erklärbar. Letztlich ist sie Reflex einer »Erziehungspraxis [...], die ihr sittlich-religiöse Grundsätze, aber keine natürliche Beziehung zu den Affekten vermittelt hat, Tugend als Negation jeglicher Form von Sinnlichkeit begreift und Erfahrungsentzug für das geeignete Instrument zur Durchsetzung ihres moralischen Rigorismus hält.«[5] Die rigorose Erziehungsmaxime ihres Vaters, nach der jeder »Schritt« schon die Bereitschaft zum »Fehltritt« implizieren könne, hat Emilia verinnerlicht. Das macht sie unfähig zur Selbstbestimmung. In ihrem Todeswunsch äußert sich das Bewusstsein, dem Begehren und den Verführungskünsten des Prinzen ausgeliefert zu sein und ihnen nicht widerstehen zu können. Da Emilia in dieser, wie sie meint, ausweglosen Situation ohne väterlichen Schutz nicht mehr daran glaubt, ein moralisches Leben im amoralischen höfischen Kontext führen zu können, sieht sie den einzigen Ausweg nur noch im Tod, den sie – im Rückgriff auf die im Horizont christlicher Glaubensvorstellungen gedeutete Virginia-Erzählung – dadurch zu überhöhen versucht, dass er ihr ein zweites Leben schenkt.

Ihrer Aufforderung ist Odoardo psychisch nicht gewachsen und erfüllt ihren Todeswunsch. Die Frage bleibt, warum er nicht mit der Tochter geflohen ist. Diese Tötung »gründet [...] nicht primär in unableitbaren individuellen Charaktereigenschaften, sondern in den überindividuellen Eigenschaften der beiden als Vater und Tochter einer Familienordnung, die durch Verbot und Kontrolle die lasterhafte ›Welt‹ aus ihrer Sphäre ausklammern will, in der Konfrontation allerdings mit ihr versagt.«[6] Die Schlussszene zeigt ein letztes Mal Odoardos Handlungsohnmacht. Er bekennt sich zu seinem Verbrechen, wirft dem Prinzen den Dolch vor die Füße und unterstellt sich seiner Gerichtsbarkeit. Der Wunsch des Zuschauers nach poetischer Gerechtigkeit wird hier nicht erfüllt.

4 Matthias Claudius, Besprechung im *Wandsbecker Bothen* am 14. und 15. April 1772, in: *Lessing im Urtheile seiner Zeitgenossen. Zeitungsberichte, Kritiken und Notizen, Lessing und seine Werke betreffend, aus den Jahren 1747–1781*, gesammelt und hrsg. von Julius W. Braun, 3 Bde., Berlin 1884–97, Bd. 1, S. 373–375, zit. nach: Dane (s. Anm. 3), S. 94.

5 Axel Schmitt: »Aspekte der Interpretation«, in: Gotthold Ephraim Lessing, *Emilia Galotti. Ein Trauerspiel in fünf Aufzügen*, mit einem Komm. von A. S., Frankfurt a. M. 2004, S. 140.

6 Sebastian Kaufmann / Günter Saße, *Gotthold Ephraim Lessing: Emilia Galotti*, Braunschweig 2012, S. 86 f.

Unterrichtsverlauf

Überblick. Im Zentrum steht die Frage, warum Emilia stirbt. Im Anschluss an die Formulierung von Gefühlen und Gedanken zum Dramenende und die Klärung der situativen Voraussetzungen der vorletzten Szene arbeitet die Lerngruppe heraus, welchen Zwängen Emilia vonseiten des Hofes und der Familie ausgesetzt ist. Fokussiert wird dann die überraschende Äußerung Emilias zu ihrer eigenen Verführbarkeit, die in der Wirkungsgeschichte des Dramas immer wieder zu kontroversen Diskussionen geführt hat. Abschließend wird eine vertiefende Gerichtsverhandlung simuliert.

Phase	Thema	Sozialform	Kompetenzen und Lernziele	Materialien
Voraussetzungen: gute Kenntnis der beiden letzten Szenen des Dramas				
12.1	Warum stirbt Emilia?	EA / UG	• Gefühle und Gedanken zum Dramenschluss in Form eines Clusters formulieren und anschließend ordnen	
12.2	Die situativen Voraussetzungen der Schlussszenen	UG	• Die unmittelbare Vorgeschichte der beiden Schlussszenen erläutern und ihren inhaltlichen Verlauf rekonstruieren	TAFELBILD 12 ➤ S. 76
12.3	Die Gewalt der Verführbarkeit	PA / UG	• Eine Textstelle fokussieren und interpretieren	ARBEITSBLATT 12a ➤ S. 78
12.4	Schuld und Mitverantwortung	GA / UG	• Das Ende des Dramas im Hinblick auf Verantwortung und Schuld der Figuren reflektieren	ARBEITSBLATT 12b ➤ S. 79
HA **fakultativ**	Lektüre der Virginia-Geschichte des Livius			*Emilia Galotti*, Reclam XL, S. 108–115

12.1 Warum stirbt Emilia?

EA / UG

Unterrichtsschritt. Ausgehend von dem Frageimpuls »Warum stirbt Emilia?« äußern die Schülerinnen und Schüler zunächst ihre Gefühle und Gedanken, die sie mit dem Ausgang der Handlung des Dramas verbinden. Ihre Äußerungen werden stichwortartig in Form eines Clusters an der Tafel bzw. auf Folie gebündelt und besprochen.

12.2 Die situativen Voraussetzungen der Schlussszenen

UG

TAFELBILD 12 ➤ S. 76

Unterrichtsschritt mit Erläuterungen. Konstitutiv für die Untersuchung des ersten und einzigen Gesprächs zwischen Emilia und ihrem Vater (V,7 und V,8) ist die inhaltliche Klärung der unmittelbaren situativen Voraussetzungen, die den Schülerinnen und Schülern im dritten Monolog Odoardos deutlich werden (V,6). Hier erwägt er, ob er Emilia sich nicht selbst überlassen soll, weil er sie verdächtigt, im geheimen Einvernehmen mit dem Prinzen zu stehen. In dem Augenblick, in dem er den Entschluss fasst fortzugehen, betritt Emilia die Bühne und ermahnt den Vater zur Ruhe. Jetzt erst erfährt sie von ihm, dass Appiani tot ist und der Prinz plant, sie in das Haus des Kanzlers Grimaldi zu bringen. Diesem Zwang will sie sich nicht fügen.

Im Unterrichtsgespräch vergegenwärtigt sich die Lerngruppe die Umstände, die zum Gespräch von Odoardo und Emilia geführt haben, rekonstruiert dessen inhaltlichen Verlauf und veranschaulicht in TAFELBILD 12 das Spannungsfeld, in dem sie sich befindet.

12.3 Die Gewalt der Verführbarkeit

PA / UG

ARBEITSBLATT 12a ➤ S. 78

Unterrichtsschritt mit Erläuterungen. Ist der inhaltliche Verlauf der Szene der Lerngruppe klar, schlägt sie Textstellen vor (vgl. Hausaufgabe), die ihr für die Deutung der Szene und für das Gesamtverständnis des Dramas besonders aufschlussreich zu sein erscheinen. Vermutlich wird sich ihre Aufmerksamkeit auch auf eine Textstelle richten, die ihr vor dem Hintergrund ihrer Lektüreerfahrungen nicht ganz plausibel erscheint und die mithilfe von ARBEITSBLATT 12a ***Die Gewalt der Verführbarkeit*** in Partnerarbeit analysiert wird (Arbeitsauftrag 1–3). Hier spricht Emilia doch ziemlich überraschend darüber, dass sie zwar gegen äußere Gewalt, aber nicht gegen ihre eigene Verführbarkeit gewappnet sei, und bittet den Vater um den Dolch, mit dem sie sich selbst töten will. Schwierigkeiten dürfte den Schülerinnen und Schülern der Verweis Emilias auf die christlichen Märtyrer-Jungfrauen bereiten. Dieser soll als argumentative Stütze für den von ihr erwogenen Selbstmord dienen. Es handelt sich um eine Anspielung auf eine Passage aus dem *Gottesstaat* des Kirchenva-

TAFELBILD 12

Emilias Problemsituation

Ansprüche und Haltungen des Prinzen	Emilias Situation	Ansprüche und Haltungen Odoardos
• liebt ihre Tugend und Natürlichkeit • möchte sie als Geliebte und Mätresse besitzen • hat sie in seine Gewalt bringen lassen und verfügt über sie	• hilfloses, unschuldiges Opfer des Anschlags von Marinelli • erfährt, dass ihr Bräutigam getötet worden ist • wird von den Eltern isoliert und im Schloss gefangen gehalten • es droht der Verlust ihrer Ehre	• Emilia soll den Hof als Ort des Lasters meiden • soll eine bürgerliche Familie gründen • soll ihre Tugend und Ehre bewahren • er zeigt Misstrauen gegenüber der Tochter • will sie ihrem Schicksal überlassen

↓

Emilias Entscheidung

↓

- Bekenntnis zur eigenen Sinnlichkeit und Verführbarkeit
- Bereitschaft zum Suizid

ters Augustinus, die allerdings sinnentstellend von ihr zitiert wird: Augustinus lehnte hier den Selbstmord der Frauen auch nach einer Vergewaltigung strikt ab (vgl. *Emilia Galotti*, Reclam XL, S. 95 f.).

12.4 Schuld und Mitverantwortung

GA / UG

ARBEITSBLATT 12b ➤ S. 79

Unterrichtsschritt. Abschließend wird das eingangs thematisierte Problem nach den Gründen für Emilias Tod wieder aufgegriffen. Nahegelegt wird die Frage nach der Schuld bzw. Mitverantwortung durch die Aussage Odoardos im letzten Auftritt des Dramas: Er zeigt sich bereit, sich einem weltlichen Gerichtsverfahren zu stellen, verbindet damit aber zugleich die Erwartung, dass eine noch höhere Instanz, nämlich Gott im Jüngsten Gericht, ein endgültiges Urteil fällen wird. Damit ist der Rezipient von Lessings Stück »nicht nur [...] zur Einfühlung in die Figuren angehalten, sondern auch zugleich zu ihrem Richter bestellt, der in jedem Augenblick und bei jedem Satz aufgerufen ist, über Recht und Unrecht, über Einsicht und Blindheit, Wahrheit und Unwahrheit dessen, was die Figuren sagen und tun, zu befinden« (Gisbert Ter-Nedden, *Lessings Trauerspiele. Der Ursprung des modernen Dramas aus dem Geist der Kritik*, Stuttgart 1986, S. 247 f.). Nach der Bearbeitung von ARBEITSBLATT 12b ***Wer ist verantwortlich für Emilias Tod?*** in arbeitsteiligen Kleingruppen übernehmen die Schülerinnen und Schüler in einem virtuellen Gerichtsverfahren die Rolle des Richters, der den Schuldanteil der einzelnen Figuren an Emilias Tod zu ermitteln sucht.

Erläuterungen zum ARBEITSBLATT 12b:

Der Prinz. In einem juristischen Sinne ist der Prinz kaum zu belangen. Verantwortlich ist er allerdings dafür, dass er Emilia der Familie entzieht und sie zu den Grimaldis schicken will. Zudem bricht er, seinen Affekten folgend, willkürlich in die bürgerliche Lebenswelt ein. Unverantwortlich ist seine Übertragung der Handlungsvollmacht an Marinelli, ohne sich darum zu kümmern, was dieser genau plant.

Marinelli. An der Tötung Emilias trägt Marinelli keine Schuld. Als williger Handlanger des Prinzen betreibt er allerdings die Trennung Emilias von der Familie. Strafbar macht er sich als Auftraggeber für die Ermordung Appianis.

Odoardo. Odoardos Tat ist ein Totschlag auf Verlangen. Unklar bleibt, welche Motive ihn zur Tötung Emilias bewogen haben: Affekte, Notwehr oder die Furcht, dass Emilia Schande über die Familie bringen könnte. Dass Emilia ihn zur Tat veranlasst, entlastet ihn aber kaum, da er das moralische Zwangssystem, dem Emilia unterliegt, durch seine bornierten Erziehungsgrundsätze selbst etabliert hat.

Claudia. Claudias moralische Schuld liegt darin, dass sie Emilia rät, ihrem Vater und Appiani den Vorfall in der Kirche zu verschweigen. Ebenso problematisch ist, dass sie zum Schluss nicht bei ihrer Tochter bleibt und auf Geheiß ihres Mannes zusammen mit Orsina das Schloss verlässt.

Emilia. Schuldig wird Emilia dadurch, dass sie sich nicht – ein Zeichen ihrer Unmündigkeit – ihres eigenen Verstandes zu bedienen vermag. Schon die bloße Annäherung des Prinzen in der Kirche verbucht sie für sich als Mitschuld, ohne diese auch nur im Geringsten zu reflektieren. Sie hat die moralischen Normen des Vaters so verinnerlicht, dass jede Form der Berührung mit der höfischen Welt für sie schon die latente Gefahr der Verführung in sich birgt.

Hausaufgabe (fakultativ)

Lektüre der Virginia-Geschichte des Livius im Anhang zu *Emilia Galotti*, Reclam XL, S. 108–115 (Kap. 4.1). Die Hausaufgabe ist fakultativ, der Einstieg in die folgende 13. Stunde ist auch ohne Kenntnis dieses Texts möglich.

ARBEITSBLATT 12a

Die Gewalt der Verführbarkeit

Odoardo und Emilia, Inszenierung am Nationaltheater Mannheim, 2006. – Foto: Hans Jörg Michel, Mannheim

»EMILIA. Aber nicht über alle Verführung. – Gewalt! Gewalt! wer kann der Gewalt nicht trotzen? Was Gewalt heißt, ist nichts: Verführung ist die wahre Gewalt. – Ich habe Blut, mein Vater; so jugendliches, so warmes Blut, als eine. Auch meine Sinne, sind Sinne. Ich stehe für nichts. Ich bin für nichts gut. Ich kenne das Haus der Grimaldi. Es ist das Haus der Freude. Eine Stunde da, unter den Augen meiner Mutter; – und es erhob sich so mancher Tumult in meiner Seele, den die strengsten Übungen der Religion kaum in Wochen besänftigen konnten! – Der Religion! Und welcher Religion? – Nicht Schlimmers zu vermeiden, sprangen Tausende in die Fluten, und sind Heilige! – Geben Sie mir, mein Vater, geben Sie mir diesen Dolch.«

Emilia Galotti, Reclam XL, S. 85, Z. 24–37.

Arbeitsaufträge:

1. Rekonstruieren Sie den Gesprächszusammenhang, in dem das Zitat steht.
2. Erläutern Sie die Äußerung Emilias.
3. Diskutieren Sie die Frage, ob Sie den von ihr genannten Grund für ihre Entscheidung zum Suizid für plausibel halten.

ARBEITSBLATT 12b

Wer ist verantwortlich für Emilias Tod?

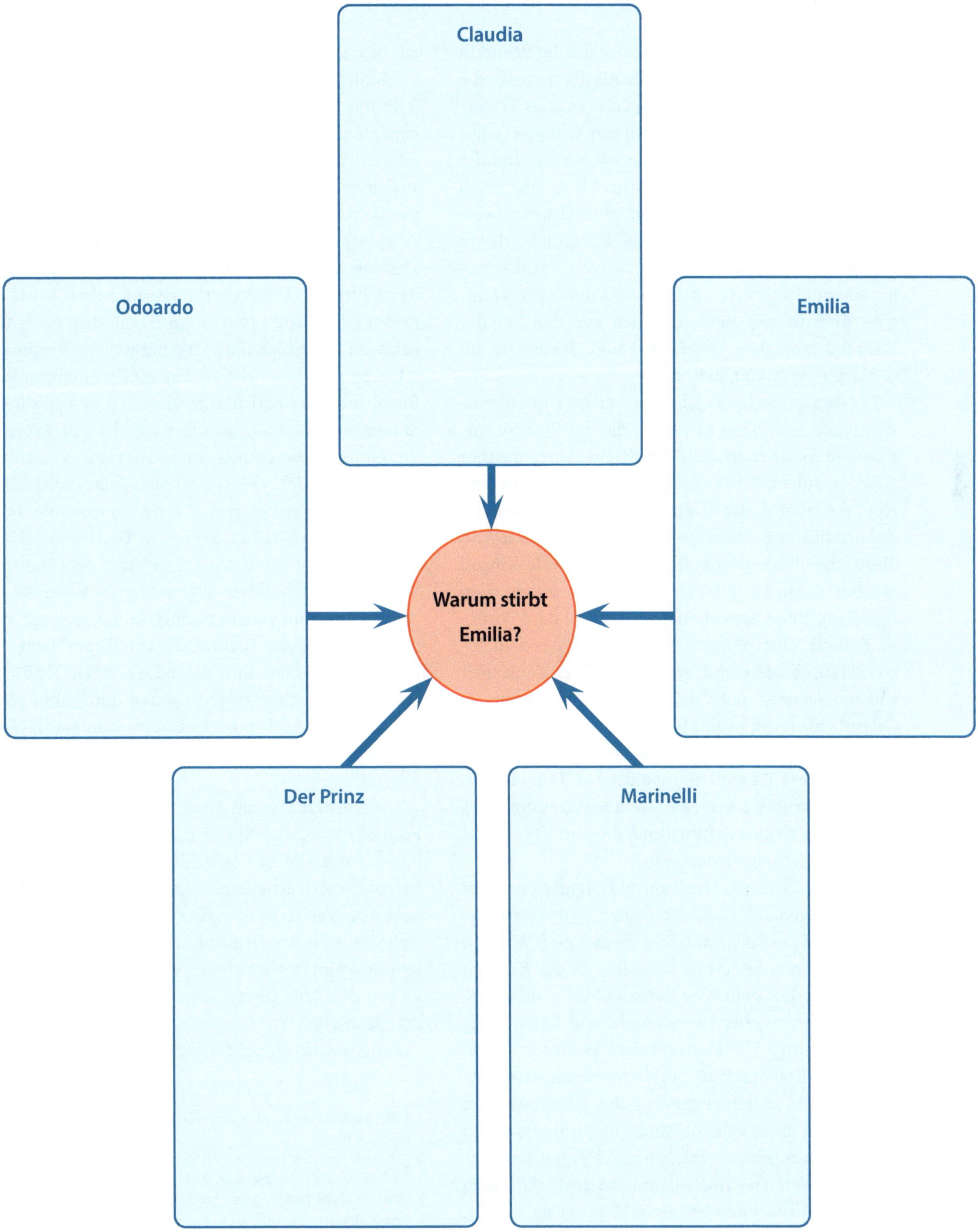

Arbeitsauftrag:
Führen Sie ein virtuelles Gerichtsverfahren durch. Übernehmen Sie eine Figur und prüfen Sie, inwiefern deren Verhalten mitverantwortlich für den Tod Emilias ist. Tragen Sie Ihre Erkenntnisse stichwortartig in die jeweiligen Kästchen ein.

13 Die politische Dimension des Stückes im Vergleich mit seiner historischen Vorlage beurteilen

Sachanalyse

Die Geschichte vom tragischen Schicksal der Römerin Virginia, die die historische Folie für die thematische und dramaturgische Gestaltung von Lessings Trauerspiel bildet, gehört zu den wirkungsmächtigen Sujets der Weltliteratur. Historische Gewährsleute sind der römische Geschichtsschreiber Titus Livius, der sie in seiner monumentalen Historiographie *Ab urbe condita* (›Seit Gründung der Stadt‹) schildert, und – davon unabhängig – der Rhetor Dionysius von Halikarnass in seinem Hauptwerk *Antiquitates Romanae* (›Römische Altertümer‹). Beide erzählen von den Ständekämpfen zwischen Patriziern und Plebejern im 5. Jahrhundert v. Chr. in Rom.

Die Republik wird im Jahr 449 von den sog. Decemvirn (zehn gewählten Männern, die die Gesetze aufzeichneten) beherrscht, die ihre Macht in tyrannischer Weise ausüben. Einer von ihnen ist der skrupellose Appius Claudius, der sich in Virginia, die Tochter des Kohortenführers Lucius Virginius, verliebt hat und diese, obwohl sie verlobt ist, in seine Gewalt bringen möchte. Deshalb erklärt er sie in einem öffentlichen Prozess mithilfe bestochener Zeugen auf dem Forum als Tochter seiner Sklavin. Bevor die Tochter dem Tyrannen ausgeliefert wird, ersticht der Vater, der keinen anderen Ausweg mehr sieht, sie vor den Augen der Öffentlichkeit mit einem Fleischermesser, um sie vor der Schändung und Versklavung des Tyrannen zu bewahren. Diese Tat wird zum politischen Fanal für das umstehende Volk, löst eine Revolte aus, die zum Sturz des Appius Claudius führt und die alten Freiheitsrechte der Plebejer wiederherstellt.

Welchen Themen, Motiven und Figurationen der Erzählung verdankt sich das eminente Interesse der Dichter und des Publikums an diesem Sujet? Welchen Aktualitätswert besitzt es vor allem in der Zeit der Aufklärung. Der politische Kern des Stoffs, so Andreas Siekmann, ist für Herrschende und Beherrschte von Bedeutung: Die Herrschenden »warnt er davor, ihre Macht despotisch für Privatinteressen auszunutzen und nicht im Sinne der *res publica*, Beherrschten verdeutlicht er modellhaft, wann und unter welchen Umständen es geboten sein kann, sich gegen den Souverän aufzulehnen.« Außerdem habe der Stoff »einen hohen Identifikationswert: ein verlobtes Paar, das mit Gewalt auseinandergerissen werden soll, ein Vater, der alles tut, um seine Tochter vor sexueller Verführung zu retten, Volksmassen, die sich für das ›Gute‹ einsetzen«. Schließlich ist es die »geschickte Mischung aus *sex and crime*«, die »zu allen Zeiten ein hohes Publikumsinteresse verschafft«.[1]

Emilia, die Titelheldin des Trauerspiels, verweist explizit auf diese römische Sage, wenn sie sich im vorletzten Auftritt des Dramas im Dialog mit Odoardo auf einen Vater beruft, der »[e]hedem« seine Tochter, um sie vor der Schande zu bewahren, erdolchte (S. 86, Z. 19–21). Obwohl Lessing sich eng an die Livius-Erzählung anlehnte, verfolgte er mit der Bearbeitung des Stoffes doch eigene Interessen. Schon Mitte der 1750er Jahre hatte er sich erstmals mit dem Gedanken getragen, ein Stück über eine bürgerliche Virginia zu schreiben. In dem Brief an den mit ihm befreundeten Buchhändler Friedrich Nicolai sprach er von diesem dramatischen Projekt, gab aber vor, dass die Arbeit an diesem Stück von einem »jungen Tragikus« stamme, von dem er sich viel Gutes verspreche, weil dieser ähnlich wie er selbst arbeite. »Sein jetziges Sujet ist eine bürgerliche Virginia, der er den Titel *Emilia Galotti* gegeben. Er hat nämlich die Geschichte der römischen Virginia von allem dem abgesondert, was sie für den ganzen Staat interessant machte; er hat geglaubt, dass das Schicksal einer Tochter, die von ihrem Vater umgebracht wird, dem ihre Tugend werter ist, als ihr Leben, für sich schon tragisch genug, und fähig genug sei, die ganze Seele zu erschüttern, wenn auch gleich kein Umsturz der ganzen Staatsverfassung darauf folgte.«[2]

Diese Ankündigung des Autors blieb aber zunächst Projekt. Erst 15 Jahre später, nachdem Lessing seine Bibliothekarsstelle in Wolfenbüttel angetreten hatte, befasste er sich erneut mit dem Stoff. Ein weiteres Mal bekräftigte er, als er das Stück schon fertiggestellt hatte, seine Absicht, damit »eine modernisierte, von allem Staatsinteresse befreite Virginia«[3] auf die Bühne zu bringen. Und dieses sollte dann auch am 13. März 1772 geschehen.

Am 59. Geburtstag der Herzogin Philippine Char-

1 Andreas Siekmann, *Lessing, Emilia Galotti. Oberstufe*, Leipzig 2004, S. 66.

2 *Gotthold Ephraim Lessings sämtliche Schriften*, hrsg. von Karl Lachmann, 3. Aufl., hrsg. von Franz Muncker, Bd. 17, Stuttgart 1904, Nachdr. 1968, S. 133, zit. nach: G. E. L., *Emilia Galotti. Ein Trauerspiel in fünf Aufzügen*, hrsg. von Thorsten Krause, Stuttgart 2021, S. 115 f.

3 Brief von Lessing an seinen Bruder Karl Anfang März 1772, in: *Gotthold Ephraim Lessings sämtliche Schriften* (s. Anm. 2), Bd. 18, S. 22, zit. nach: Gesa Dane, *Erläuterungen und Dokumente. Gotthold Ephraim Lessing: Emilia Galotti*, Stuttgart 2002, S. 50.

lotte von Braunschweig und Lüneburg fand die Uraufführung des Stückes statt, ohne dass Lessing – vorgeblich war er aufgrund von Zahnschmerzen verhindert – und die Herzogin zugegen waren. Dass sein Stück politischen Anstoß erregen könnte, darüber machte sich Lessing keinerlei Gedanken. Im Gegenteil. Ihm war es allein darum zu tun anzufragen – das wird in seinem Brief, den er kurz vor der Aufführung des Stückes an den Herzog Carl von Braunschweig-Wolfenbüttel schrieb, deutlich –, »ob es überhaupt schicklich ist, an einem so erfreulichen Tage [wie dem Geburtstag der Herzogin] eben ein Trauerspiel aufzuführen«.[4] Hierbei handle es sich um nichts anderes als die alte römische Virginia-Geschichte in neuer Einkleidung. Bestätigt wird die Sichtweise des Autors durch die raumzeitliche Gestaltung seines Stückes und durch seinen spezifischen literarischen Zugriff auf die Virginia-Geschichte. So verlegt er den Schauplatz der Handlung des Trauerspiels in ein italienisches Duodezfürstentum der Renaissance, die den Idealen des aufgeklärten Absolutismus im 18. Jahrhundert widerspricht. Zudem hat er den Virginia-Stoff an entscheidenden Stellen verändert. Hier geht es nicht um die Darstellung einer Staatsaktion, um Systemkritik an der absolutistischen Herrschaftsform, sondern primär darum zu klären, wie menschliches Handeln durch Rollenkonflikte der Figuren und ihrer daraus resultierenden Desorientierung sowie durch den Antagonismus von moralischen Normen und Affekten bestimmt wird. Der für die Livius-Geschichte charakteristische Öffentlichkeitsbezug fehlt in Lessings Stück. Die Geschehnisse spielen sich hier nicht in der Öffentlichkeit des Forums ab, sondern, sieht man einmal vom ersten Aufzug ab, im privaten Raum. Das Volk tritt hier nicht auf wie z. B. in Georg Büchners Revolutionsstück *Dantons Tod.* Am Ende der Virginia-Geschichte steht die Wiederherstellung des Rechts, das der tyrannische Appius Claudius gebrochen hat. Auf diese politische Motivation verzichtet Lessing; die Schlussszene seines Dramas bietet kein öffentliches Tribunal gegen die verruchte höfische Welt, noch viel weniger ist es ein Aufruf zur Revolution. Das Drama enthält aber durchaus ständekritische Implikationen, liegt in seiner Konfliktgestaltung genau auf der Grenze zwischen öffentlich-politischen und privatmenschlichen Interessen. Der Konflikt in seinem Drama entzündet sich an dem Punkt, an dem sich absolutistische Fürstenmacht und private Interessen leibhaft berühren: »am Eigentum eines Untertanen und an der ›Ehre‹ einer Jungfrau.«[5] Dementsprechend waren auch die unmittelbaren zeitgenössischen Reaktionen auf das Stück nicht primär politisch. Schwerpunktmäßig setzten sich die Rezensenten mit der Tektonik des Dramas, mit seiner Charaktergestaltung und Dialogführung auseinander. »Ein jeder weiß«, so schrieb etwa der Rezensent der *Staats- und Gelehrten Zeitung* in Hamburg, »wie Herr Lessing die einfachste Begebenheit zu dem interessantesten Stück umschaffet, was für Situationen er anleget, wie er die Charaktere bearbeitet und – welcher Dialog in seinen Schauspielen herrschet. Man lese Emilia Galotti nur ein paar Seiten, und gleich wird man fortgerissen. Lauter Aktion vom Anfang bis zum Ende des Stücks, keine langweiligen Tiraden, keine frostige Sentenzen, die in jedem Sittenbüchelchen stehen.«[6]

4 Lessing an Herzog Carl von Braunschweig, zit. nach Dane (s. Anm. 3), S. 52.

5 Wilfried Barner [u. a.], *Lessing. Epoche – Werk – Wirkung*, München [6]1998, S. 206.

6 *Lessing im Urtheile seiner Zeitgenossen. Zeitungsberichte, Kritiken und Notizen, Lessing und seine Werke betreffend, aus den Jahren 1747–1781*, gesammelt und hrsg. von Julius W. Braun, 3 Bde., Berlin 1884–97, Bd. 1, S. 352–354, zit. nach Dane (s. Anm. 3), S. 83.

Unterrichtsverlauf

Überblick. In dieser Unterrichtssequenz erhalten die Schülerinnen und Schüler Gelegenheit, sich in der vergleichenden Analyse von Texten zu üben. Dabei schärfen sie ihren Blick für intertextuelle Beziehungen. Sie lernen die antike Vorlage von Lessings Trauerspiel kennen und erarbeiten Veränderungen, die Lessing gegenüber seinem Referenztext, der Livius-Sage, vorgenommen hat. Die Veränderungen zeigen, welche möglichen Absichten der Autor mit seiner neuen, modernisierten Fassung der alten Virginia-Geschichte verfolgt haben könnte.

Phase	Thema	Sozialform	Kompetenzen und Lernziele	Materialien
Voraussetzungen: Kenntnis des gesamten Dramas				
13.1	Emilias Bezugnahme auf die Virginia-Geschichte	UG	• Einstieg: den intertextuellen Bezug des Dramas anhand eines Textimpulses untersuchen	VORLAGE 13a ➤ S. 82
13.2	Die Virginia-Geschichte des Livius als heroisches Exempel römischer Tugend und Freiheitsgesinnung	UG / EA	• Die Virginia-Geschichte kennenlernen und in ihrer Phasenstruktur rekonstruieren	VORLAGE 13b ➤ S. 83 ARBEITSBLATT 13a ➤ S. 86 f.
13.3	Aspektorientierter Vergleich von Drama und historischer Vorlage	EA / PA	• Erkennen von Gemeinsamkeiten und Unterschieden zwischen historischer Vorlage und Drama	ARBEITSBLATT 13a ➤ S. 86 f. TAFELBILD 13a ➤ S. 84
13.4	Politisches Drama oder moralische Geschichte?	UG	• Vertiefung: Erarbeitung und Beurteilung von Lessings Eigenverständnis seines Stückes	ARBEITSBLATT 13b ➤ S. 88 TAFELBILD 13b ➤ S. 85
HA fakultativ	Lektüre: Lessings Überlegungen zum Trauerspiel			*Emilia Galotti*, Reclam XL, S. 123–125

13.1 Emilias Bezugnahme auf die Virginia-Geschichte

UG

VORLAGE 13a
➤ S. 82

Unterrichtsschritt mit Erläuterungen. Ausgangspunkt des Moduls ist Emilias Appell an den Vater, er möge seiner Vaterrolle gerecht werden. Bewahren könne er ihre Tugend nur dadurch, dass er sie töte (VORLAGE 13a ***Emilias Appell an den Vater***). Mit dieser Äußerung Emilias spielt Lessing auf einen wichtigen geschichtlichen Bezugspunkt seines Dramas an, auf die Erzählung des römischen Geschichtsschreibers Livius von der Tötung der Römerin Virginia durch ihren Vater. Zu diesem Zitat können sie sich äußern, indem sie entweder die Lektüre im Rahmen der Hausaufgabe darauf beziehen oder im Rückgriff auf den Kommentar ihrer Textausgabe (*Emilia Galotti*, Reclam XL, S. 96) den Bezug zur Virginia-Geschichte herstellen, deren Handlungsverlauf Einzelne von ihnen vielleicht schon aus dem Geschichts- oder Lateinunterricht kennen.

VORLAGE 13a

Emilias Appell an den Vater

»EMILIA. […] Ehedem wohl gab es einen Vater, der seine Tochter von der Schande zu retten, ihr den ersten den besten Stahl in das Herz senkte – ihr zum Zweiten das Leben gab. Aber alle solche Taten sind von ehedem! Solche Väter gibt es keinen mehr!«

Emilia Galotti, Reclam XL, S. 86, Z. 19–23.

13.2 Die Virginia-Geschichte des Livius als heroisches Exempel römischer Tugend und Freiheitsgesinnung

UG / EA

VORLAGE 13b
➤ S. 83

ARBEITSBLATT 13a
➤ S. 86 f.

Unterrichtsschritt. Anschauung und Prägnanz gewinnt die Geschichte des Livius für sie, wenn man ihnen die Tötungsszene nochmals in einem Bild (VORLAGE 13b ***Die Tötung der Virginia***) präsentiert, zu dem sich die Lerngruppe äußert. Zudem ist damit eine günstige Motivationsbasis geschaffen, sich mit dem Text der Virginia-Geschichte selbst zu befassen und ihn zu lesen. Da die Lektüre der vollständigen Livius-Sage zu viel Unterrichtszeit beanspruchen würde, wird die Geschichte in einer paraphrasierten Fassung vorgelegt (ARBEITSBLATT 13a ***Die Virginia-Geschichte des Livius***). Sie lesen die Sage und geben ihren Handlungsverlauf in eigenen Worten wieder (Arbeitsauftrag 1).

VORLAGE 13b

Die Tötung der Virginia

Nicolas Guy Brenet, *Die Tötung der Virginia* (1783)

»Mit dem einzigen Mittel, dessen ich mächtig bin, rette ich dich, meine Tochter, in die Freiheit.«

Titus Livius, *Ab urbe condita / Römische Geschichte. Liber III / 3. Buch.* Zit. nach: *Emilia Galotti*, Reclam XL, S. 114.

13.3 Aspektorientierter Vergleich von Drama und historischer Vorlage

Unterrichtsschritt. In Partnerarbeit vergleichen die Schülerinnen und Schüler den Inhalt der Sage mit dem Handlungsverlauf in Lessings Trauerspiel (ARBEITSBLATT 13a, Arbeitsauftrag 2; hierzu TAFELBILD 13a als Lösungsvorschlag). Wichtig ist hier vor allem die Beantwortung der Frage, wie Emilia die Tötungsszene in der Sage deutet und auf ihre persönliche Situation bezieht (Arbeitsauftrag 3). Es soll deutlich werden, dass Virginius die Tochter tötet, um sie vor der Unfreiheit zu bewahren. Dagegen ist der Verlust ihres politisch-rechtlichen Status für Emilia nicht das entscheidende Movens ihres Appells. In ihrem Disput mit dem Vater geht es allein um ihre moralische Existenz.

EA / PA

ARBEITSBLATT 13a
➤ S. 86 f.

TAFELBILD 13a
➤ S. 84

TAFELBILD 13a

Vergleich: Virginia-Geschichte des Livius und Lessings *Emilia Galotti*

	Livius	Lessing
Figuren	• Vater (Virginius): moralisch, liebt seine Tochter, hohes Ansehen • Verlobter Icilius: energisch, mutig, Gefühle gegenüber der Verlobten werden nicht deutlich • Tochter (Virginia): passiv, schön • Decemvir (Appius Claudius): Despot, sexuelles Begehren • Helfer (Marcus Claudius): Komplize des Despoten • Volk	• Vater (Odoardo): moralisch, liebt seine Tochter, machtlos • Verlobter (Appiani): Opfer der Intrige • Tochter (Emilia): schön, passiv • Prinz (Hettore Gonzaga): absolutistischer Herrscher, echte Liebe zu Emilia • Helfer (Marinelli; Intrigant mit persönlichen Interessen • Erweiterung des Personals durch neue Figuren: Orsina als Mätresse und Claudia als Mutter der Emilia
Themen und Motive	• Freiheitsberaubung; Unschuld der Tochter • Verfügungsgewalt des Vaters • Opfertod	• Freiheitsberaubung; Tugend der Tochter • Verfügungsgewalt des Vaters nach Appell der Tochter • Opfertod
Raum	• öffentlich	• privat
Tötungsinstrument	• Fleischermesser	• Dolch
Konsequenz	• politischer Umsturz	• fürstliches Urteil, doch Berufung auf ein göttliches Gericht
Darstellungsart	• episch	• dramatisch
Intention	• Stärkung des historischen Gedächtnisses der römischen Bürger anhand der Lektüre einer exemplarischen Geschichte	• Von allen Staatsinteressen befreites moralisches Drama: Bewahrung der Integrität Emilias
Zeitbezug	• historischer Konflikt zwischen Patriziern und Plebejern in der römischen Frühgeschichte (449 v. Chr.); Wiederherstellung der Freiheit nach Absetzung des Decemvirats	• Darstellung wichtiger mentalitätsgeschichtlicher Strömungen und gesellschaftspolitischer Probleme im 18. Jahrhundert: Antagonismus zwischen politischem Laster und privater Moral

13.4 Politisches Drama oder moralische Geschichte?

UG

ARBEITSBLATT 13b
➤ S. 88
TAFELBILD 13b
➤ S. 85

Unterrichtsschritt. In der abschließenden Arbeitsphase soll sich die Lerngruppe mit der in der Wirkungsgeschichte des Stückes immer wieder aufgeworfenen Frage auseinandersetzen, ob es sich beim Text von Lessing um ein politisches Drama handelt, mit dessen Fertigstellung sein Verfasser über die ungerechten politischen Verhältnisse seiner Zeit aufklären wollte, oder ein privates Familienstück in der Tradition der zeitgenössischen bürgerlichen Trauerspiele (ARBEITSBLATT 13b ***Lessings Selbstverständnis des Dramas als »modernisierter Virginia«***). Bei der Diskussion dieses Problems kann sie sich einerseits auf einen der Kom-

TAFELBILD 13b

Ist *Emilia Galotti* ein politisches Tendenzdrama?

Pro	Kontra
• Kritik am absolutistischen Herrschaftssystem in I,1 und I,6 • Aufdeckung von Machtmissbrauch; Zerstörung der bürgerlichen Familie durch despotische Übergriffe, die auch noch nach Ermordung Appianis fortgesetzt werden • willkürliche Verfügung über den Machtapparat • Gegensatz zwischen dem Laster des Hofes und der Moralität der bürgerlichen Familie • Hettore betrachtet Untertanen als sein Eigentum, dringt in deren Privatsphäre, nimmt Emilia in seine Gewalt • Odoardos Schwäche: politische Unmündigkeit des Bürgertums • politische Desillusionierung bürgerlicher Werte	• Intention des Autors: »eine von allem Staatsinteresse modernisierte Virginia«: also Privatisierung und Psychologisierung des Konflikts • Anlass: Aufführung des Stückes zu Ehren der Herzogin • Genehmigung des Trauerspiels durch den Herzog • Privatisierung der Fürstengestalt • Geschichte von der verführten Unschuld • kein Appell zum Aufruhr gegen fürstliche Gewalt und zur Rettung der Freiheit • keine Staatsaktion; kein Tyrannenmord; keine Infragestellung der Herrschaft des Fürsten

mentare des Autors zu seinem Drama, auf den Inszenierungsanlass des Stückes und Berichte über seine Wirkung, andererseits aber auch auf die im Text dargestellten Verhältnisse und Konflikte stützen. Hier geht es vor allem darum zu klären, was der Dichter unter der Modernisierung der Virginia-Sage versteht. Die Ergebnisse werden im TAFELBILD 13b gesichert.

Hausaufgabe (fakultativ)

Zur Vorbereitung der 14. Stunde können Lessings Überlegungen zum Trauerspiel vorab gelesen werden (*Emilia Galotti*, Reclam XL, S. 123–125). Die Lektüre wird aber nicht vorausgesetzt.

Die Virginia-Geschichte des Livius

Zehn mit einer befristeten Vollmacht ausgestatte Männer (Decemvirn) missbrauchen ihre Macht und tyrannisieren das Volk. Den Patrizier Appius Claudius, Vorsitzender der Decemvirn, packt »das Verlangen, ein Mädchen aus dem Volk zu schänden«. Mit Geschenken und Versprechungen umwirbt er Virginia, die Tochter des Lucius Virginius, eines Armeeoffiziers von hohem Rang und »beispielhafter Rechtschaffenheit in Krieg und Frieden«. Virginia, die mit dem ehemaligen Volkstribun Lucius Icilius, einem verdienten Plebejer, verlobt ist, weist seine Annäherungsversuche strikt zurück. Daraufhin versucht Appius Claudius, das schöne Mädchen durch List in seine Gewalt zu bringen. M. Claudius, einer seiner Vertrauten, behauptet, sie sei die Tochter einer Sklavin von einem seiner Untergebenen und beansprucht sie für sich als sein Eigentum. Daraufhin entsteht ein öffentlicher Aufruhr, der ihn dazu zwingt, zunächst nachzugeben. Gleichwohl fordert er, die Angelegenheit durch ein Gericht klären zu lassen, dessen oberster Richter allerdings Appius Claudius selbst ist. Die Verteidiger Virginias erwirken, dass nach einem Tag Verzögerung ihr Vater in diesem Fall gehört werden solle. Vergebens versucht Appius Claudius dieses zu verhindern, stimmt aber letztlich der Bitte des Vaters zu, der Amme und seine Tochter in dieser Sache noch einmal selbst befragen will. Dazu kommt es nicht mehr. Den Appius Claudius verfluchend, entreißt Virginius, da er keinen Ausweg mehr sieht, einem Fleischer das Messer und ersticht vor den Augen der Öffentlichkeit seine Tochter mit den Worten: »Mit dem einzigen Mittel, dessen ich mächtig bin, rette ich dich, meine Tochter, in die Freiheit.« Infolge dieses Ereignisses kommt es in der Stadt zu Unruhen, schließlich zur Revolte gegen die ungerechte Herrschaft der Decemvirn. Deren Regierung wird gestürzt und die alten Rechte der Plebejer werden wiederhergestellt. Appius Claudius wird ins Gefängnis geworfen und nimmt sich dort das Leben, um dem drohenden Todesurteil zu entgehen.

Arbeitsaufträge:

1. Lesen Sie die Erzählung des Livius und geben Sie kurz Ihren Inhalt wieder.
2. Vergleichen Sie die Geschichte des Livius mit dem Handlungsverlauf von Lessings Drama. Tragen Sie die Resultate Ihres Vergleichs stichwortartig in die Tabelle ein.
3. Erläutern Sie abschließend, wie Emilia die von Livius überlieferte Virginia-Geschichte im situativen Kontext der Szene deutet.

	Livius	Lessing
Figuren		
Themen und Motive		

	Livius	Lessing
Raum		
Tötungsinstrument		
Konsequenz		
Darstellungsart		
Intention		
Zeitbezug		

ARBEITSBLATT 13b

Lessings Selbstverständnis des Dramas als »modernisierter Virginia«

Knapp fünfzehn Jahre bevor Lessing sein *Emilia*-Drama anlässlich des Geburtstags der Herzogin Philippine Charlotte von Braunschweig und Lüneburg am 13. März 1772 im Braunschweiger Hoftheater zur Uraufführung brachte, hatte er den Stoff aus der römischen Antike für ein dreiaktiges Stück bearbeitet. In dem Brief an seinen Freund Friedrich Nicolai vom 21. Januar 1757 erläuterte er die Intentionen, die er mit seinem Dramenprojekt verfolgte:

> »Sein jetziges Sujet ist eine bürgerliche Virginia, der er den Titel *Emilia Galotti* gegeben. Er hat nämlich die Geschichte der römischen Virginia von allem dem abgesondert, was sie für den ganzen Staat interessant machte; er hat geglaubt, dass das Schicksal einer Tochter, die von ihrem Vater umgebracht wird, dem ihre Tugend werter ist, als ihr Leben, für sich schon tragisch genug, und fähig genug sei, die ganze Seele zu erschüttern, wenn auch gleich kein Umsturz der ganzen Staatsverfassung darauf folgte.«

Gotthold Ephraim Lessing: Sämtliche Schriften. Hrsg. von Karl Lachmann. 3. Aufl. hrsg. von Franz Muncker. Bd. 17. Stuttgart: Göschen, 1904. Nachdr.: Berlin: de Gruyter, 1968. S. 133.

Am 1. März 1772, also wenige Tage vor der Aufführung des Stückes, schreibt Lessing seinem Bruder Karl:

> »Schreibe mir nur bald, lieber Bruder, und sage mir, wie Dir das Ganze gefällt. Du siehst wohl, dass es weiter nichts, als eine modernisierte, von allem Staatsinteresse befreite Virginia sein soll.«

Gotthold Ephraim Lessing: Gesammelte Werke. Hrsg. von Paul Rilla. Bd. 9: Briefe. Weimar: Aufbau Verlag, 1968. S. 502.

Arbeitsaufträge:

1. Erläutern Sie im Rückgriff auf die Äußerungen Lessings, wie er sein Trauerspiel verstanden wissen will. Welche Rolle spielt in diesem Zusammenhang der Anlass der Aufführung seines Stückes?
2. Nehmen Sie Stellung zu der Frage, ob Sie *Emilia Galotti* für ein politisches Drama halten.

14 Lessings Poetik des Trauerspiels darstellen und mit Bezug auf *Emilia Galotti* reflektieren

Sachanalyse

In der literarischen Biografie Lessings sind poetologische Reflexionen und poetische Praxis stets aufs Engste miteinander verzahnt. Komplementär zur Abfassung und Aufführung seiner *Miss Sara Sampson*, des ersten bürgerlichen Trauerspiels in Deutschland, entfaltet sich nur kurze Zeit später sein mit den Freunden Friedrich Nicolai und Moses Mendelssohn geführter Briefwechsel über das Trauerspiel (1756/57). Und auch seine produktions- und wirkungsästhetischen Überlegungen in seiner *Hamburgischen Dramaturgie* (1769) weisen mannigfaltige Berührungspunkte mit der später publizierten *Emilia Galotti* auf.

Die Abkehr von der klassizistischen Tragödie und der Typenkomödie sowie die Hinwendung zum empfindsamen Lustspiel und zum bürgerlichen Trauerspiel bedeuten für Lessing eine Art Paradigmenwechsel in seiner Dramenpoetik und Dramenpraxis. Sein Interesse gilt nicht mehr den heroischen Gestalten und Staatsaktionen der klassizistischen französischen Tragödie, sondern dem auf die Gemeinschaft bezogenen Bürgertum, mit seinen Rechten, Pflichten und privaten Gesinnungen, also dem Menschen schlechthin, »der als freier und besonderer Einzelner gedacht wird«[1]. Solche Veränderung bei der Einschätzung der Figuren des Dramas, der Aufwertung ihrer Persönlichkeit, geht bei ihm einher mit einer Neubestimmung der Wirkungsintentionen des Trauerspiels. Dessen Geschehen wird von ihm enger mit der Zuschauerwirklichkeit verbunden. Dieses soll die Empfindungen der Zuschauer affizieren, ihre Leidenschaften erregen und sie in einem moralischen Sinne verändern. Nach wie vor ist allerdings für Lessing die aristotelische *Poetik* entscheidender Referenztext. Seine Auseinandersetzung mit ihr fußt indes »auf der eigenen Dramenkonzeption, nicht umgekehrt. Für die eigenen Theoreme, wie sie im Gedanken der Kausalität und psychologischen Vertiefung fundiert sind, findet er in der *Poetik* die bestätigenden Begriffe.«[2] An dessen zentrale Definition des Trauerspiels knüpft er in seinen poetologischen Reflexionen an.

Während nach Aristoteles die Tragödie »Jammer« (*eleos*) und »Schaudern« (*phobos*) hervorruft und hierdurch eine Reinigung (*katharsis*) von derartigen Erregungszuständen bewirkt, löst sie für Lessing – so seine Übersetzung bzw. Deutung dieser Wirkungsqualitäten – »Mitleid« und »Furcht« aus. Die zentrale Funktion des Trauerspiels besteht für ihn darin, Mitleid bei den Zuschauern zu wecken. In seiner zwischen 1767 und 1769 verfassten *Hamburgischen Dramaturgie* schreibt er, man habe Aristoteles falsch verstanden und ihn falsch übersetzt. »Er spricht«, so erläutert er seine Deutung, »von Mitleid und Furcht, nicht von Mitleid und Schrecken; und seine Furcht ist durchaus nicht die Furcht, welche uns das bevorstehende Übel eines andern, für diesen andern, erweckt, sondern es ist die Furcht, welche aus unserer Ähnlichkeit mit der leidenden Person für uns selbst entspringt; es ist die Furcht, dass die Unglücksfälle, die wir über diese verhängt sehen, uns selbst treffen können; es ist die Furcht, dass wir der bemitleidete Gegenstand selbst werden können. Mit einem Worte: diese Furcht ist das auf uns selbst bezogene Mitleid.«[3] Mitleid kann der Zuschauer aber nur dann empfinden, wenn er sich mit dem tragischen Helden identifiziert, wenn er um dessen Schicksal fürchtet. Solche Furcht überträgt er auf seine eigene Lebenswelt, wenn die Theatervorführung beendet ist.

Es lag Lessing fern, Odoardo und Emilia am Schluss als heroische Gestalten zu präsentieren, die im Sinne der heroischen Tragödie Bewunderung erheischen sollen. Ob ihr Auftritt auf der Bühne allerdings zu der von ihm in der *Hamburgischen Dramaturgie* geforderten kathartischen Wirkung, also zur Erregung von Furcht und Mitleid und deren Verwandlung in tugendhafte Fähigkeiten des Rezipienten führt und in seinem sozialen Handeln produktiv wird, bleibt zweifelhaft. Das dokumentieren auch die zeitgenössischen Reaktionen auf das Stück. Seine Emilia habe, so schreibt z. B. der Lessingfreund K. W. Ramler nach der Uraufführung des Stückes, »keinen Strom von Tränen, sondern gleichsam nur Keime von Tränen, und einen heilsamen Schauer von Schrecken erregt«.[4] Und

1 Gerhard Kaiser, *Aufklärung, Empfindsamkeit, Sturm und Drang*, Tübingen ⁴1991, S. 42.

2 Monika Fick, *Lessing-Handbuch: Leben – Werk – Wirkung*, Stuttgart 2004, S. 291.

3 Gotthold Ephraim Lessing, *Minna von Barnhelm. Hamburgische Dramaturgie. Werke 1767–1769*, hrsg. von Klaus Bohnen, Berlin 2010, S. 556.

4 Karl Wilhelm Ramler, Beitrag vom 28. März 1772 in der *Berlinischen privilegierten Zeitung*, in: *Lessing im Urtheile seiner Zeitgenossen. Zeitungsberichte, Kritiken und Notizen, Lessing und seine Werke betreffend, aus den Jahren 1747–1781*, hrsg. von Julius W. Braun, 3 Bde., Berlin 1884–97, Bd. 1, S. 366 f., zit. nach Gesa Dane, *Erläuterungen und Dokumente. Gotthold Ephraim Lessing: Emilia Galotti*, Stuttgart 2002, S. 87.

auch eine eindeutige Moral lässt sich zum Schluss nicht erkennen. Das Stück weckte bei den Zuschauern, soweit man das den zeitgenössischen Rezeptionsdokumenten entnehmen kann, sicherlich Interesse, vielleicht auch Sympathien für die Galottis, doch kaum rührselige Stimmungen. Weitaus mehr löste es Beklemmung und Verunsicherung darüber aus, wie man den Appell Emilias an ihren Vater, sie zu töten, nun zu deuten habe. Ihre religiöse Berufung auf historische Präfigurationen mittelalterlicher Heiligen- und Märtyrerlegenden, die als innere Begründung für ihren Todeswunsch herhalten sollen (vgl. S. 85, Z. 34–36), unterminiert sicherlich die wirkungsästhetische Konzeption des bürgerlichen Trauerspiels, wie sie Lessing in seiner *Dramaturgie* intendierte. Soziale bzw. moralische Dispositionen im Zuschauer werden dadurch kaum erregt, geschweige denn verstärkt. Letztlich pervertiert die Ermordung Emilias durch ihren Vater das moralische Tugendsystem, in dessen Namen sie erfolgt. Aus solcher Dialektik entspringen aber – und das ist der Mehrwert des Trauerspiels gegenüber der *Dramaturgie* – in reflexiver Distanznahme Möglichkeiten der Selbsterfahrung und Selbstaufklärung des Publikums: »Im konkreten Fall von *Emilia Galotti* geht es darum, das bürgerliche Publikum zur selbstkritischen Reflexion auf die katastrophenanfälligen Defizite jener damals vielfach propagierten privatistischen Rückzugsmoral zu veranlassen, die allein im kleinfamilialen Bereich außerhalb der Gesellschaft die Möglichkeit eines tugendhaften Lebens sieht.«[5]

5 Sebastian Kaufmann / Günter Saße, *Gotthold Ephraim Lessing: Emilia Galotti*, Braunschweig 2012, S. 116.

Unterrichtsverlauf

Überblick. Die Auseinandersetzung mit der Tragödientheorie Lessings öffnet den Schülerinnen und Schülern einem Zugang zu wichtigen Aspekten der Poetik und Wirkungsästhetik seines Stückes. Das Drama wird im Rekurs auf die aristotelische Tragödientheorie und deren Adaption durch Lessing in seinen Gattungsbezügen und wirkungsästhetischen Dimensionen reflektiert, indem die Schülerinnen und Schüler zentrale Überlegungen zur Form, Funktion und Wirkung des bürgerlichen Trauerspiels nachvollziehen und mit *Emilia Galotti* vergleichen. **! Verkürzter Verlauf: 14.1 –14.2 – 14.3**

Phase	Thema	Sozialform	Kompetenzen und Lernziele	Materialien
Voraussetzungen: Kenntnis des gesamten Stückes				
14.1	Wirkungen der Tragödie im 18. Jahrhundert	UG	• Wirkungen der Tragödie im 18. Jahrhundert beschreiben und mit gegenwärtiger Rezeption von Theaterstücken vergleichen	VORLAGE 14a ➤ S. 91
14.2	Die Tragödientheorie des Aristoteles	UG / PA	• Die zentralen produktions- und wirkungsästhetischen Kategorien im Tragödienkonzept des Aristoteles nachvollziehen und erläutern	VORLAGE 14b ➤ S. 92 ARBEITSBLATT 14a ➤ S. 94
14.3	Lessings Tragödientheorie	EA / PA / GA / UG	• Mitleid, Furcht und Katharsis im Rückgriff auf die aristotelische Poetik als Zentralbegriffe der Tragödientheorie Lessings erläutern und reflektieren	ARBEITSBLATT 14b ➤ S. 95 f. TAFELBILD 14 ➤ S. 93
14.4 **fakultativ**	Heutige Rezeption des Stückes	UG	• Mögliche Wirkungen des Stückes anhand von eigenen Rezeptionserfahrungen vorstellen und diskutieren	

Unterrichtsschritt. Der die Stunde eröffnende Bildimpuls (VORLAGE 14a ***Effects of Tragedy***) stellt eine Episode in einem Theatersaal des 18. Jahrhundert dar und gibt unterschiedliche Reaktionen der Zuschauer auf das blutige Geschehen auf der Bühne wieder. Er ermöglicht den Schülerinnen und Schülern einen Zugang zur damaligen Theaterwelt. Vermutlich werden sie als zentralen Unterschied zu heute die eminenten emotionalen Wirkungen erkennen. Charakterisieren sie diese mit den Begriffen »Betroffenheit« und »Schrecken«, ist eine geeignete hermeneutische Basis für die Auseinandersetzung mit der wirkungsästhetisch konzipierten Dramenpoetik Lessings geschaffen. UG

VORLAGE 14a ➤ S. 91

VORLAGE 14a

Effects of Tragedy (1795)

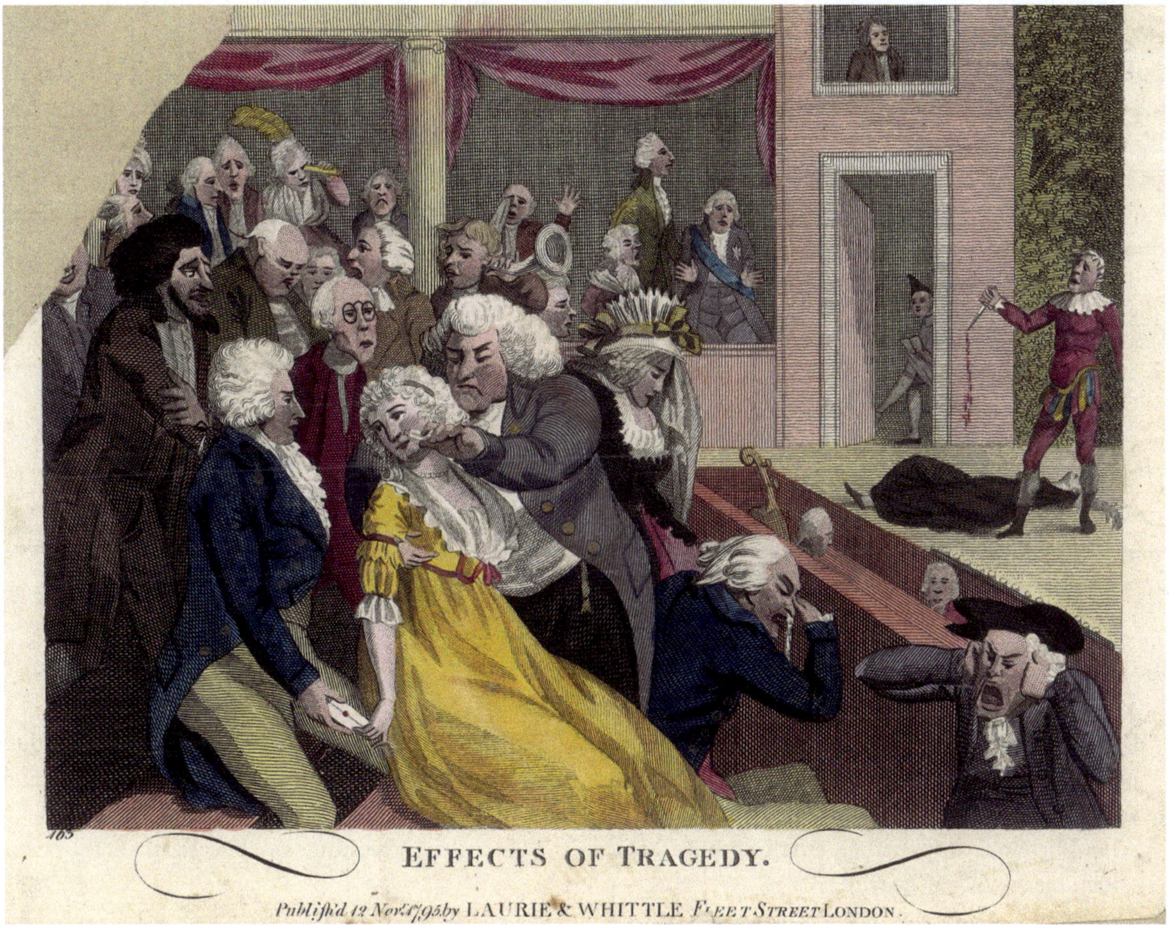

Mary Evans Picture Library / Grosvenor Prints

Erläuterungen zur VORLAGE 14a. Das Bild aus dem Jahr 1795 zeigt in zugespitzt-satirischer Form die Wirkungen einer tragischen Szene auf der Bühne im Zuschauerraum. Auf der rechten Seite ist die Bühne abgebildet. Hier erkennt man einen Schauspieler, der einen von Blut triefenden Dolch in der leicht erhobenen rechten Hand hält. Eine Frau – vermutlich tot – liegt zu seinen Füßen. Die Szene wird von einem hinter einer geöffneten Tür stehenden Souffleur verfolgt. Das Publikum reagiert verstört auf die Szene. Im Vordergrund, etwa in der Mitte des Bildes, hält ein vornehm gekleideter Mann ein Riechfläschchen an die Nase einer offensichtlich in Ohnmacht gefallenen Frau. Die Gesichter der Zuschauer sind von Schrecken und Entsetzen gezeichnet, teilweise wenden sie sich ab vom blutigen Geschehen auf der Bühne, teilweise senken sie ihre Blicke. Ihre Gestik drückt angesichts der schrecklichen Tat Verzweiflung aus.

14.2 Die Tragödientheorie des Aristoteles

UG / PA

VORLAGE 14b
➤ S. 92
ARBEITSBLATT 14a
➤ S. 94
Internet-
zugang

Unterrichtsschritt. Die Lerngruppe wird an die zwei Leitbegriffe der aristotelischen Tragödientheorie *eleos* (Jammern) und *phobos* (Schaudern) herangeführt. Welche Bedeutung diese beiden Wirkungskategorien noch heute haben, wird anhand eines Fallbeispiels (VORLAGE 14b ***Nach dem Kinobesuch***) verdeutlicht. Mit diesem Fallbeispiel setzen sich die Schülerinnen und Schüler im folgenden Unterrichtsgespräch auseinander und erläutern dabei die Wirkungen, die der Film bei beiden Zuschauern hinterlassen hat. Sie erkennen, dass es sich im ersten Fall um die Wahrnehmung einer Situation handelt, die als bedrohlich empfunden wurde und Entsetzen und Angst ausgelöst hat. Im zweiten Fall geht es dagegen mehr um die Anteilnahme an dem Leid, das einer Figur widerfahren ist.

Beide Wirkungskategorien stehen im Mittelpunkt der Definition, die Aristoteles in seiner Poetik formuliert hat. Wie er deren Bedeutung und Funktion versteht, klären die Schülerinnen und Schüler in Partnerarbeit (ARBEITSBLATT 14a ***Aristoteles: Definition der Tragödie*** im Zusammenhang mit weiteren wichtigen Bestimmungsmerkmalen der Tragödie (Mimesis, geschlossene Handlung, gehobene Sprache, Katharsis).

Erläuterungen. Schwierigkeiten dürften der Lerngruppe das Verständnis der in der Rezeptionsgeschichte der aristotelischen Poetik kontrovers diskutierten Wirkungskategorie der Katharsis bereiten. Hierbei sollte die Lehrkraft auf jeden Fall Hilfestellungen leisten. Nach Aristoteles bezeichnet Katharsis – vergleichbar der Reinigung des Körpers in medizinischer Sicht – die Reinigung der Psyche der Zuschauer von bestimmten Affekten. In dem Maße, wie diese beim Betrachten der Tragödie heftige Affekte wie Jammer und Schauder durchleben, werden sie dadurch in ihrer Seele von solchen Erregungszuständen geläutert.

VORLAGE 14b

Nach dem Kinobesuch

Nach einem Kinobesuch äußern sich Jakob und Anna spontan zum Film.
Jakob: »Fandst du das Ende des Films nicht auch schrecklich?«
Anna: »Ja, das war grauenvoll. Aber vor allem hat mich das schlimme Schicksal der Frau sehr berührt.«

14.3 Lessings Tragödientheorie

EA / PA /
GA / UG

ARBEITSBLATT 14b
➤ S. 95 f.
TAFELBILD 14
➤ S. 93

Unterrichtsschritt. Die Schülerinnen und Schüler erarbeiten die Interpretation der aristotelischen Tragödiendefinition durch Lessing, indem sie die Textausschnitte auf dem ARBEITSBLATT 14b ***Lessings Theorie des Trauerspiels*** zunächst einzeln lesen, dann in Partnerarbeit zentrale Kategorien der Dramaturgie erläutern und schließlich in Gruppenarbeit eine Graphik verfassen, die Lessings Auffassung vom bürgerlichen Trauerspiel widerspiegelt (TAFELBILD 14).

Erläuterungen. Wichtig für die Erzeugung von Mitleid als der zentralen Wirkungsintention des Dramas ist nach Lessing die Bereitschaft der Zuschauer, sich mit dem Schicksal des tragischen Helden zu identifizieren. In dieser Affinität von Bühnengeschehen und Zuschauerrealität steckt für ihn die entscheidende Voraussetzung für die moralische Besserung des Zuschauers. Dabei spielt die Furcht die Rolle des Katalysators. In dem Augenblick, in dem der Zuschauer erkennt, dass das Schicksal des Helden auf der Bühne auch ihn betreffen kann, leidet er mit; eben in diesem Sinne ist Mitleid für Lessing die selbstbezügliche Furcht, die zur Katharsis, der Verwandlung der Leidenschaften in tugendhafte Fähigkeiten, führt. – Die Texte des ARBEITSBLATT 14b sind auch in der zugrunde liegenden Ausgabe abgedruckt: *Emilia Galotti*, Reclam XL, S. 123–125.

TAFELBILD 14

Wirkungsintentionen des bürgerlichen Trauerspiels

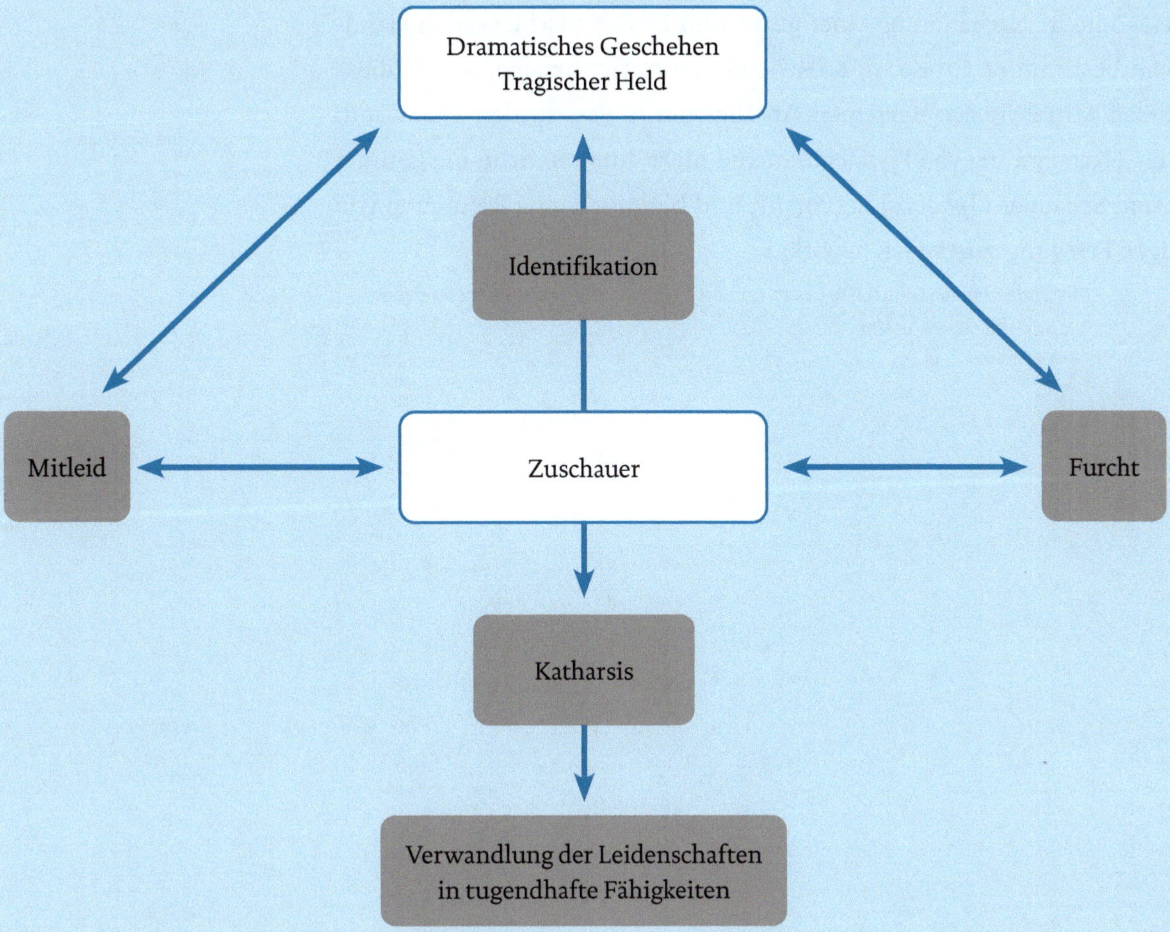

14.4 Heutige Rezeption des Stückes (fakultativ)

Unterrichtsschritt. Abschließend kann geprüft werden, inwieweit die rezeptionsästhetischen Überlegungen Lessings zur Funktion des Trauerspiels mit den realen Wirkungen, die sein Trauerspiel evoziert, zu vereinbaren sind. Für eine Beurteilung der zeitgenössischen Rezeption fehlt der Lerngruppe allerdings die breite empirische Basis. Reaktionen, die sich vereinzelt in Zeitungsberichten und Briefen der Zeit finden, lassen auch nur partiell Rückschlüsse auf die Gesamtwirkung des Trauerspiels zu. Dagegen können die Schülerinnen und Schüler aber durchaus darüber sprechen, welche emotionalen Eindrücke das Stück bei ihnen selbst hinterlassen hat. Das Gespräch darüber könnte sich an folgenden Leitfragen orientieren: UG

- Welche Gefühle hat das Stück nach seiner Lektüre (oder nach einer Aufführung) bei Ihnen ausgelöst?
- Mit welchen Figuren haben Sie Mitleid empfunden?
- Welche Situationen haben in Ihnen Furcht und Schrecken ausgelöst?
- Hat die Lektüre (bzw. das Sehen des Theaterstückes) Ihr Menschen- und Weltbild verändert?

Aristoteles: Definition der Tragödie

»Die Tragödie ist Nachahmung einer guten und in sich geschlossenen Handlung von bestimmter Größe, in anziehend geformter Sprache, wobei diese formenden Mittel in den einzelnen Abschnitten je verschieden angewandt werden – Nachahmung von Handelnden und nicht durch Bericht, die Jammer [*eleos*] und Schaudern [*phobos*] hervorruft und hierdurch eine Reinigung von derartigen Erregungszuständen bewirkt.«

Aristoteles: Poetik. Griech./Dt. Übers. und hrsg. von Manfred Fuhrmann. Stuttgart: Reclam, 1982. S. 19. 1449b.

Arbeitsaufträge:

1. Erläutern Sie die Zentralbegriffe der Tragödiendefinition des Aristoteles. Recherchieren Sie dazu auch im Internet.
2. Erläutern Sie in dem Zusammenhang auch folgende weiteren Begriffe:
   - Mimesis
   - geschlossene Handlung
   - gehobene Sprache
   - Katharsis

Lessings Theorie des Trauerspiels

1. Gotthold Ephraim Lessing: Über Mitleid. Brief an Friedrich Nicolai im November 1756

»Wenn es also wahr ist, dass die ganze Kunst des tragischen Dichters auf die sichere Erregung und Dauer des einzigen Mitleidens geht, so sage ich nunmehr, die Bestimmung der Tragödie ist diese: sie soll *unsere Fähigkeit, Mitleid zu fühlen*, erweitern. Sie soll uns nicht bloß lehren, gegen diesen oder jenen Unglücklichen Mitleid zu fühlen, sondern sie soll uns so weit fühlbar machen, dass uns der Unglückliche zu allen Zeiten, und unter allen Gestalten, rühren und für sich einnehmen muss. [...] *Der mitleidigste Mensch ist der beste Mensch*, zu allen gesellschaftlichen Tugenden, zu allen Arten der Großmut der aufgelegteste. Wer uns also mitleidig macht, macht uns besser und tugendhafter, und das Trauerspiel, das jenes tut, tut auch dieses, oder – es tut jenes, um dieses tun zu können.«

Gotthold Ephraim Lessing: Sämtliche Schriften. Hrsg. von Karl Lachmann. 3. Aufl. Hrsg. von Franz Muncker. Bd. 17. Stuttgart: Göschen, 1904. Nachdr.: Berlin: de Gruyter, 1968. S. 64–66.

2. Gotthold Ephraim Lessing: Hamburgische Dramaturgie. 75. Stück, 19. Januar 1768

»Die authentische Erklärung dieser Furcht, welche Aristoteles dem tragischen Mitleid beifüget, findet sich in dem fünften und achten Kapitel des zweiten Buchs seiner ›Rhetorik‹. [...]

Es beruhet aber alles auf dem Begriffe, den sich Aristoteles von dem Mitleiden gemacht hat. Er glaubte nämlich, dass das Übel, welches der Gegenstand unseres Mitleidens werden solle, notwendig von der Beschaffenheit sein müsse, dass wir es auch für uns selbst, oder für eines von den Unsrigen, zu befürchten hätten. Wo diese Furcht nicht sei, könne auch kein Mitleid stattfinden. [...] Er erkläret [...] auch das Fürchterliche und das Mitleidswürdige, eines durch das andere. Alles das, sagt er, ist uns fürchterlich, was, wenn es einem anderen begegnet wäre, oder begegnen sollte, unser Mitleid erregen würde: und alles das finden wir mitleidswürdig, was wir fürchten würden, wenn es uns bevorstünde. [...]. Aus dieser Gleichheit entstehe die Furcht, dass unser Schicksal gar leicht dem seinigen [der tragischen Figur] ebenso ähnlich werden könne als wir ihm zu sein uns selbst fühlen: und diese Furcht sei es, welche das Mitleid gleichsam zur Reife bringe.

So dachte Aristoteles von dem Mitleiden, und nur hieraus wird die wahre Ursache begreiflich, warum er in der Erklärung der Tragödie, nächst dem Mitleiden, nur die einzige Furcht nannte. Nicht als ob diese Furcht hier eine besondere, von dem Mitleiden unabhängige Leidenschaft sei, welche bald mit bald ohne dem Mitleid, sowie das Mitleid bald mit bald ohne ihr erreget werden könne; [...] sondern weil, nach seiner Erklärung des Mitleids, dieses die Furcht notwendig einschließt; weil nichts unser Mitleid erregt, als was zugleich unsere Furcht erwecken kann.«

Gotthold Ephraim Lessing: Hamburgische Dramaturgie. Hrsg. und komm. von Klaus L. Berghahn. Stuttgart: Reclam, 1999 [u. ö.]. S. 384–386.

3. Hamburgische Dramaturgie 78. Stück, 29. Januar 1768

»Da nämlich, es kurz zu sagen, diese Reinigung in nichts anders beruhet, als in der Verwandlung der Leidenschaften in tugendhafte Fertigkeiten, bei jeder Tugend aber, nach unserm Philosophen, sich diesseits und jenseits ein Extremum findet, zwischen welchem sie inne stehet: so muss die Tragödie, wenn sie unser Mitleid in Tugend verwandeln soll, uns von beiden Extremis des Mitleids zu reinigen vermögend sein; welches auch von der Furcht zu verstehen. Das tragische Mitleid muss nicht allein, in Ansehung des Mitleids, die Seele desjenigen reinigen, welcher zu viel Mitleid fühlet, sondern auch desjenigen, welcher zu wenig empfindet. Die tragische Furcht muss nicht allein, in Ansehung der Furcht, die Seele desjenigen reinigen, welcher sich ganz und gar keines Unglücks befürchtet, sondern auch desjenigen, den ein jedes Unglück, auch das entfernteste, auch das unwahrscheinlichste, in Angst setzet. Gleichfalls muss das tragische Mitleid, in Ansehung der Furcht, dem was zu viel, und dem was zu wenig, steuern: so wie hinwiederum die tragische Furcht, in Ansehung des Mitleids.«

Ebd. S. 401.

Arbeitsaufträge:

1. Lesen Sie den Brief Lessings an Nicolai (1.) und die Auszüge aus seiner *Hamburgischen Dramaturgie* (2.–3.) und fassen Sie die zentralen Gedanken seiner Ausführungen knapp zusammen. Erläutern Sie in diesem Zusammenhang, warum für ihn Mitleid, Furcht und die Katharsis die entscheidenden Wirkungskategorien des Trauerspiels darstellen.
2. Entwickeln Sie ein Schaubild, das die Beziehungen der Schlüsselbegriffe seiner Wirkungstheorie des Dramas verdeutlicht.
3. Diskutieren Sie, ob der Autor mit seiner *Emilia Galotti* bei den Zuschauern Mitleid und Furcht erzeugt.

15 Das Drama literarhistorisch einordnen

Sachanalyse

Gotthold Ephraim Lessing gilt in der deutschen Literaturgeschichte als der herausragende Repräsentant der Aufklärung. Mit seinen Dramen, seinen theoretischen Schriften zum Theater, seinen poetologischen und philosophischen Abhandlungen und seinen Fabeln hat er aufklärerisches Denken befördert und vertieft, zugleich aber auch Gefahren der scholastisch-rationalistischen Verengung im Stile der normativen Poetik Gottscheds wahrgenommen. Dichtung ist für ihn nicht Veranschaulichung eines vorgedachten Lehrsatzes, sondern soll offenes Denken evozieren und vor allem auch die Gefühle der Menschen ansprechen. Ihre moralische Leistung bestehe darin, diese zum Mitleid zu bewegen. »*Der mitleidigste Mensch ist*«, so hat er es im Briefwechsel mit Moses Mendelssohn und Friedrich Nicolai formuliert, »*der beste Mensch*«.[1] Welchen Anteil Lessings Schriften an der Entwicklung der Empfindsamkeit in der deutschen Literatur haben, zeigt vielleicht Johann Wolfgang Goethe in den *Leiden des jungen Werther*, dem Prototyp des empfindsamen Romans in Deutschland am nachdrücklichsten. Nach dem Selbstmord Werthers findet man auf seinem Lesepult ein aufgeschlagenes Exemplar der *Emilia Galotti*, nachgerade ein Hinweis darauf, dass er in der Titelfigur Emilia eine Geistesverwandte gesehen hat. Kontrastiert man damit allerdings die kritische Rezeption des *Werthers* durch Lessing selbst – in einem Schreiben an Eschenburg plädiert er bei aller Wertschätzung des Romans für eine kalte Schlussrede, die den unglücklichen empfindsamen Charakter des Helden erklärt –, dann wird das literaturgeschichtliche Spannungsfeld sinnfällig, in dem sich Lessings Trauerspiel bewegt. Es ist literarisches Zeugnis einer historischen Übergangszeit, einer Epochenschwelle.

Verbleibt man zunächst im Kontext der Aufklärung und der literarischen Biografie Lessings, so ist die historische Differenz des Stückes zu seiner *Miss Sara Sampson* evident. Der Autor hatte mit seinem ersten bürgerlichen Trauerspiel – im Rückgriff auf die zeitgenössischen Affektenlehre, deren Absicht »in der größtmöglichen und als befreiend erfahrenen Gefühlserregung auf dem Theater bestand«[2] – neue wirkungsästhetische Maßstäbe für das Drama der Zeit gesetzt, wollte das Publikum durch entsprechende Figuren- und Handlungsgestaltung rühren, es vor allem zur Identifikation mit der Titelheldin bewegen und Mitleid erregen. Zweifellos hat Lessing mit dem neuen Drama diese Wirkungsziele nicht völlig preisgegeben, aber ebenso sicher ist, dass er die Affektbewegungen seiner früheren Trauerspiele eingedämmt hat, um im Sinne einer neuen poetischen Synthese von Gefühl und Reflexion zu einer authentischen Darstellung der Natur des Menschen zu gelangen. Dass dies nicht einhellig vom Publikum so wahrgenommen wurde, zeigt die widersprüchliche zeitgenössische Rezeption des Stückes. Wo die einen im Zuwenig an Rührung das Defizit des Dramas sahen, erkannten die anderen darin gerade seinen poetischen Mehrwert. Indem Lessing auf die sentimentale Rhetorik der *Sara* verzichtet habe, erreiche er – so die Bewunderer der *Emilia* – in der Gestaltung von Sprache und Dialog eine neue Qualität des Natürlichen. Doch an diesem Begriff von Natur schieden sich wiederum die Geister. Wo die Apologeten im Sprachduktus und in der Dialoggestaltung des Stückes unmittelbare Ausdrucksqualitäten und eine facettenreichen Erfassung von Gemütszuständen entdeckten und letztlich konstatierten, dass es seiner Zeit weit voraus, zwanzig Jahre zu früh geschrieben sei, da sahen Vertreter der jüngeren Generation, Goethe und Friedrich Schlegel, noch zu viel Ökonomie, Konstruktion, nachgerade das Künstliche und Regelhafte des kalkulierenden Verstandes des Autors am Werk. Die Generation jüngerer Schriftsteller »mochte dem ausgereiften Meisterstück der dramatischen Rechenkunst den Respekt nicht verweigern; leidenschaftlich begeistern konnte sie sich für Lessings Trauerspiel kaum«.[3] Sie forderte für sich – und dies im scharfen Kontrast zur Poetik und Wirkungsästhetik der Aufklärung – einen größeren poetischen Freiraum, mehr Unmittelbarkeit und mehr Autonomie, statt der Sprache des Verstandes die Sprache der Leidenschaften. Über Gefühle sollte im Drama nicht gesprochen, sondern diese sollten lebendig und ursprünglich ausgedrückt werden.

Lessings Stück, so lässt sich resümierend sagen, befindet sich am Anfang der 1770er Jahre im Spannungs-

1 *Gotthold Ephraim Lessings sämtliche Schriften*, hrsg. von Karl Lachmann, 3. Aufl., hrsg. von Franz Muncker, Bd. 17, Stuttgart 1904, Nachdr. Berlin 1968, S. 64–66, zit. nach: *Emilia Galotti*, Reclam XL, S. 123.

2 Klaus Bohnen: »Zeitgenössische Rezeption«, in: Gotthold Ephraim Lessing, *Werke und Briefe in zwölf Bänden*, hrsg. von Wilfried Barner [u. a.], Bd. 7: *Werke 1770–1773*, hrsg. von K. B., Frankfurt a. M. 2000, S. 864.

3 Peter-André Alt, *Tragödie der Aufklärung. Eine Einführung*, Tübingen/Basel 1994, S. 269.

feld unterschiedlicher geistesgeschichtlicher Diskurse: traditioneller aufklärerisch-rationalistischer Konzepte, wie sie in den Moralischen Wochenschriften, in Theaterstücken und philosophischen Abhandlungen praktiziert wurden, der Empfindsamkeit und der aufkommenden Sturm-und-Drang-Bewegung, die literarisch gegen die Gesetze der Normpoetik und sozialpolitisch gegen autoritäre Gewalt rebellierte. Das in der Rezeptionsgeschichte des Dramas virulente Problem, welche zeitgeschichtliche Relevanz dessen politische Dimension, dessen ständekritischen Bezüge, besitzen, bestimmt vor allem auch die Frage nach dessen literaturgeschichtlicher Einordnung.

Lessings Drama thematisiert, »dem aufgeregten Zeitsinne entsprechend«,[4] den Ständekonflikt, kritisiert absolutistische Fürstengewalt und Unmoral des Hofes, doch verfehlt man dessen differenziertes Bedeutungsspektrum, wenn man es schematisch auf eine solche Kontraposition reduziert. Im Gegenteil, Lessings Trauerspiel zeigt in den figuralen Binnensphären von Bürgertum und Hof Erosionen und Widersprüche, die in Rollenkonflikten und Identitätskrisen sinnfällig werden. Einzelne Figuren zeigen Affinitäten zu den jeweils anderen sozialen Lebensformen: etwa der Prinz, Graf Appiani und Claudia.

Lessings Trauerspiel als frühen Appell des Autors zur Französischen Revolution zu begreifen, wie später vor allem marxistische Literaturkritiker behaupteten, lässt sich weder aus biografischer Perspektive noch aus der unmittelbaren zeitgenössischen Aufnahme des Stückes legitimieren. Dem widersprechen auch dessen Aufführungsanlass und dessen Schluss. Ständekritische Bezüge, die auf eine grundlegende Auseinandersetzung mit dem Herrschaftssystem zielen oder dessen Abschaffung forcieren wollen, werden hier ausgeklammert. Das zeigt das Verhalten Odoardos am Schluss des Stückes. Hier ist nicht ersichtlich, weshalb bei ihm überhaupt nicht der Gedanke aufkommt, »in gerechter Notwehr den Tyrannen zu erdolchen, statt seine eigene Tochter umzubringen, um sie vor der Schändung durch diesen Unmenschen zu bewahren«.[5]

4 Johann Wolfgang Goethe, *Berliner Ausgabe*, Bd. 13: *Aus meinem Leben. Dichtung und Wahrheit*, hrsg. von Hans-Heinrich Reuter [u. a.], Berlin/Weimar ^{4}1976, S. 612.

5 Leo Balet / E. Gerhard: *Die Verbürgerlichung der deutschen Kunst, Literatur und Musik im 18. Jahrhundert*, Frankfurt a. M. / Berlin / Wien 1973, S. 109 f., zit. nach: *Emilia Galotti*, Reclam XL, S. 135.

Doch nur wenige Jahre nach der Aufführung des Stückes werden solche Probleme absolutistischer Willkür von den Stürmern und Drängern verschärft und in Verbindung mit der Frage nach sozialer Gerechtigkeit entschieden in den Mittelpunkt ihrer Werke gerückt. So grenzen sich z. B. Gottfried August Bürger (1747–1794) und Matthias Claudius (1740–1815) nur kurze Zeit später nicht nur in ihrem bürgerlichen Selbstverständnis von der adeligen Lebensform ab, sondern rebellieren in ihren Texten (z. B. *Der Bauer an seinen durchlauchtigsten Tyrannen*, 1773); *Schreiben eines parforcegejagten Hirschen an den Fürsten, der ihn parforcegejagt hatte*, 1777) in wütender Attacke und travestierenden Anreden gegen diese. Die szenische Präsentation der außergewöhnlichen Menschen in den Charakterdramen der Sturm-und-Drang-Bewegung finden in den Sprecher-Rollen, die den beiden Texten unterlegt sind, ihre Entsprechung. Vor allem nach Ausbruch der Französischen Revolution werden diese kritischen Stimmen noch lauter. In seinen *Briefen zur Beförderung der Humanität* aus dem Jahr 1793 geht Johann Gottfried Herder nochmals pointiert auf den Schluss der *Emilia* ein und übt bittere Kritik am perfiden Intrigenspiel des Hofes und dessen mörderischen Konsequenzen. Die sentenzhafte Aussage des Prinzen am Schluss »Ist es, zum Unglücke so mancher, nicht genug, dass Fürsten Menschen sind: müssen sich auch noch Teufel in ihren Freund verstellen?« (S. 87, Z. 30–32), mit der der Vorhang fällt, entschuldige ihn nicht. Diese löse bei ihm nur noch Schrecken und Empörung aus. In seiner sarkastischen Fortschreibung des Stückes entlarvt er nur allzu deutlich dessen Heuchlertum: »Alles veranlasst, gebilligt und am Ende doch, nachdem der Plan verunglückt, nichts befohlen, nichts getan zu haben. In wenigen Tagen fürchte ich, hat er sich selbst ganz rein gefunden, und in der Beichte ward er gewiss absolvieret. Bei der Vermählung mit der Fürstin von Massa war Marinelli zugegen, vertrat als Kammerherr vielleicht gar des Prinzen Stelle, sie abzuholen. Appiani dagegen ist tot; Odoardo hat sich in seiner Emilie siebenfach das Herz durchbohret, so dass es keines Bluturteiles mehr bedarf. Schrecklich!«[6]

6 Johann Gottfried Herder, *Briefe zur Beförderung der Humanität*, in: J. G. H., *Sämtliche Werke*, hrsg. von Bernhard Suphan, Bd. 17, Hildesheim 1967 (Reprogr. Nachdr. der Ausg. Berlin 1881.), S. 182–186, zit. nach: *Emilia Galotti*, Reclam XL, S. 130.

Unterrichtsverlauf

Überblick. Anhand von unterschiedlichen Textsorten lernen die Schülerinnen und Schüler spezifische Arbeitsweisen und Wirkungsabsichten von Autoren im Zeitalter der Aufklärung kennen und erfassen dabei den Bedeutungsgehalt von Kategorien wie z. B. Kritik, Vernunft und Wahrheit als Leitbegriffen der Epoche. Welche soziale Wirkungsmacht diese im Aufbegehren der Bauern gegen Fürstenwillkür entfalten könnten, erfassen die Schülerinnen und Schüler anhand eines Gedichts aus der Sturm-und-Drang-Bewegung. Sie entwickeln Ansätze, Lessings Trauerspiel in den sozial- und mentalitätsgeschichtlichen Zusammenhang der Zeit einzuordnen.

Phase	Thema	Sozialform	Kompetenzen und Lernziele	Materialien
Voraussetzungen: Kenntnis des gesamten Trauerspiels und der Dramenpoetik Lessings				
15.1	Der Begriff der Aufklärung	EA / UG	• Gedanken zum Begriff der Aufklärung in Form eines Clusters abrufen	
15.2	Darstellung der Aufklärung durch Chodowiecki und Lichtenberg	UG	• Die emblematischen Bezüge des Bildes von Chodowiecki zur Aufklärung erfassen	VORLAGE 15 ➤ S. 100
15.3	Kants und Wielands Verständnis der Aufklärung	PA / UG	• Zentrale Aspekte und Forderungen der aufklärerischen Bewegung erkennen und vertiefen	ARBEITSBLATT 15a ➤ S. 103
15.4	Gegen Fürstenwillkür	GA / UG	• Die poetische Form und den sozialkritischen Inhalt des Textes von Bürger nachvollziehen	ARBEITSBLATT 15b ➤ S. 104
15.5	*Emilia Galotti* zwischen Auflehnung und Bestätigung	UG	• Den sozialkritischen und politischen Gehalt von Lessings Drama beurteilen	ARBEITSBLATT 15b ➤ S. 104

15.1 Der Begriff der Aufklärung

Unterrichtsschritt mit Erläuterungen. Einleitend werden die Schülerinnen und Schüler gebeten, in Form eines Clusters ihre Gedanken zu notieren, die sie mit dem Begriff der Aufklärung verknüpfen. Vermutlich werden sie ihn in erster Linie im Zusammenhang mit sexuellen Konnotationen verstehen. Möglicherweise sehen sie aber auch Verbindungen mit meteorologischen Phänomenen im Sinne der Formulierung »Das Wetter klart auf«, oder verweisen in kriminalistischer Hinsicht auf die Aufklärung eines Falles. Hierbei ergeben sich sicherlich semantische Verknüpfungen mit den Wörtern »klären«, »erklären« und »verklären«. EA / UG

15.2 Darstellung der Aufklärung durch Chodowiecki und Lichtenberg

Unterrichtsschritt. Der Lerngruppe wird das Bild von Daniel Chodowiecki mit dem Titel *Aufklärung* vorgelegt (VORLAGE 15 ***Daniel Chodowiecki: Aufklärung***). Zunächst beschreiben die Schülerinnen und Schüler, indem sie die verschiedenen Elemente bzw. Motive der Landschaft und deren Beziehungen erfassen, das Bild. Danach lesen sie den Kommentar Lichtenbergs dazu, ermitteln die allegorischen Bezüge des Bildes und interpretieren diese. Bild und Kommentar bereiten auf die berühmte Definition von Aufklärung vor, die Immanuel Kant 1784 in seiner Beantwortung der Frage »Was ist Aufklärung?« gegeben hat. UG VORLAGE 15 ➤ S. 100

Erläuterungen zur VORLAGE 15. Das Landschaftsbild von Daniel Chodowiecki stellt eine Aufbruchssituation dar. Sie zeigt Menschen, die sich bei aufgehender Sonne auf einem Weg zu einem Dorf befinden, das im Hintergrund zu sehen ist. Der Kommentar Lichtenbergs macht auf den allegorischen Charakter des Bildes aufmerksam: Mit Beginn des Tages bricht für den Menschen eine neue Epoche an, das Zeitalter der Vernunft, das die Nacht ablöst und Licht in die Dunkelheit bringt. Chodowiecki arbeitet anhand der beiden Naturphänomene Sonne und Nebel den Kontrast zwischen dem Licht der Vernunft und der Eintrübung des Verstandes durch den Aberglauben her-

VORLAGE 15

Daniel Chodowiecki: Aufklärung

Daniel Chodowiecki, *Aufklärung* (1791). – akg-images

Georg Christoph Lichtenberg kommentierte Chodowieckis Kupferstich *Aufklärung* so:

> »Dieses höchste Werk der Vernunft [d. h. die Aufklärung] hat bis jetzt noch kein allgemeines verständliches allegorisches Zeichen (vielleicht weil die Sache selbst noch neu ist) als die aufgehende Sonne. Es wird auch wohl lange das schicklichste bleiben, wegen der Nebel, die immer aus Sümpfen, Rauchfässern und von Brandopfern auf Götzenaltären aufsteigen werden, die sie so leicht verdecken können. Indessen, wenn die Sonne nur aufgeht, so schadet Nebel nichts.«

Georg Christoph Lichtenberg: Kurze Erklärung der Monatskupfer. In: Göttinger Taschen Calender für das Jahr 1791. S. 213.

aus. Genannt werden drei Gründe für die Entstehung des ›Nebels‹, der zunächst die Ausbreitung des Lichtes verhindert: Mit dem Rauch, der aus den Sümpfen steigt, veranschaulicht er die Gefährdung des Menschen, der die Orientierung und den festen Halt unter den Füßen zu verlieren droht; mit den Rauchfässern meint er die im kirchlichen Kult verwendeten Weihrauchfässer, deren Rauch förmlich den Verstand einnebelt; ähnliche Wirkungen erzeugt der Rauch, der durch die Opferung an »Götzenaltären«, durch die fremdbestimmte, illusionäre Hinwendung zu falschen Göttern entsteht, die den Menschen täuschen. Alle diese Eintrübungen des Verstandes richten für ihn keinen Schaden an, wenn dem Menschen mit der Sonne das Licht der Vernunft aufgeht.

15.3 Kants und Wielands Verständnis der Aufklärung

Unterrichtsschritt. Im Rahmen von Partnerarbeit soll das Verständnis von Aufklärung, das die Schülerinnen und Schüler in der Auseinandersetzung mit dem Bild von Chodowiecki gewonnen haben, anhand von zwei wirkungsmächtigen Bestimmungen, wie sie Kant und Wieland einige Jahre nach Lessings Tod entwickelt haben, erweitert und vertieft werden (ARBEITSBLATT 15a ***Erläuterungen zum Begriff der Aufklärung von Kant und Wieland***). Die Ergebnisse werden im Unterrichtsgespräch vorgestellt.

PA / UG

ARBEITSBLATT 15a

➤ S. 103

Erläuterungen zum ARBEITSBLATT 15a. Der Lerngruppe wird klar, dass der Begriff Aufklärung, verstanden als abstrakter Periodenbegriff einer bestimmten Epoche in der deutschen Literaturgeschichte, unzureichend ist und vielmehr als Prozess zu verstehen ist, der als stetige Herausforderung in ihre aktuelle Gegenwart hineinwirkt. In diesem geschichtlichen Sinne bedeutet Aufklärung nichts anderes als das werdende Bewusstsein des Menschen von sich selbst. Mit seiner axiomatischen Definition des Begriffes »Aufklärung« beantwortet Kant in seinem 1784 in der *Berlinischen Monatsschrift* veröffentlichten Aufsatz sogleich die zentrale Frage seines Textes »Beantwortung der Frage: Was ist Aufklärung?« Er bestimmt Aufklärung als einen Akt der Befreiung aus einer Abhängigkeit, die er als »Unmündigkeit« bezeichnet. Diese ist charakterisiert durch die Unfähigkeit des Menschen, selbst zu denken. »Selbst verschuldet« ist die Unfähigkeit für ihn dann, wenn sie nicht aus einem Mangel an Verstand, sondern aus fehlendem Mut resultiert. Seine Schlussfolgerung aus diesem Befund ist unmissverständlich: Aufklärung heißt, die selbstverschuldete Unmündigkeit zu überwinden. Die sprachliche Form dieser Konklusion ist der Imperativ, der an alle gerichtet ist, die über Verstand verfügen: »Habe den Mut, dich deines eigenen Verstandes zu bedienen.«

Christoph Martin Wieland erweitert und vertieft in seinem Aufsatz, der erstmals in der Zeitschrift *Der Teutsche Merkur* unter dem Titel »Ein paar Goldkörner aus – Makulatur oder Sechs Antworten auf sechs Fragen« erschien, die dem Begriff Aufklärung inhärente Lichtmetaphorik. In dieser Hinsicht knüpft er an Chodowieckis Bild und das platonische Sonnengleichnis an. Unabdingbare Voraussetzung für die Bereitschaft zur Aufklärung ist für ihn 1. ein Paar »sehender Augen«. Sie verschaffen dem Menschen, wenn sie nicht behindert werden, rechte Erkenntnis und die Unterscheidung der Gegenstände und 2. genügend Licht. Erst dieses ermöglicht Orientierung und Bewegung im Raum.

Für beide Autoren bezeichnet Aufklärung einen dynamischen Prozess, sich selbst und seine Umwelt erkennen zu wollen. In dieser Hinsicht nähern sie sich dem Begriff von Wahrheit, den Lessing in den 1770er Jahren in seiner Kontroverse mit der orthodoxen Theologie seiner Zeit entwickelt hat: »Nicht die Wahrheit, in deren Besitz irgendein Mensch ist oder zu sein vermeinet, sondern die aufrichtige Mühe, die er angewandt hat, hinter die Wahrheit zu kommen, macht den Wert des Menschen« (G.E. Lessing, »Über die Wahrheit«, in: *Was ist Aufklärung? Thesen und Definitionen*, hrsg. von Ehrhard Bahr, Stuttgart 1974, S. 43f., hier S. 44). Mit anderen Worten: Der vermeintliche Besitz der Wahrheit lähmt den Menschen; erst in der Suche nach ihr erfüllt sich sein Menschsein.

15.4 Gegen Fürstenwillkür

Unterrichtsschritt. Die Lerngruppe erfasst anhand eines Gedichts von Gottfried August Bürger aus der Sturm-und-Drang-Bewegung, wie dieser das emanzipatorische Denken der Aufklärung sozialkritisch fortschreibt und aus einer bestimmten Rollenperspektive gegen feudale Fürstenwillkür rebelliert. In Gruppenarbeit erschließen die Schülerinnen und Schüler im Rückgriff auf das ARBEITSBLATT 15b ***Herrscherkritik im Sturm und Drang*** ihren sozialkritischen Gehalt und binden diesen an die realgeschichtliche Verhältnisse der Zeit zurück (Arbeitsaufträge 1–4).

GA / UG

ARBEITSBLATT 15b

➤ S. 104

Internet-zugang

Erläuterungen. Die bürgerliche Sturm-und-Drang-Bewegung schreibt die Emanzipationsbestrebungen der Aufklärer von den Zwängen des absolutistischen Ständestaates fort. In Bürgers Rollengedicht wird das Landleben nicht idyllisch – wie in der bukolischen Rokokodichtung – verklärt, sondern im appellativen, sozialkritischen Gestus wird gezeigt, wie die Bauern vor allem unter dem höfisch-adeligen Jagdprivileg zu leiden hatten. Häufig genug war das Feld des Landmannes Stätte höfischer Parforcejagden, die die Felder zerstörten und den Bauern um seine Ernte brachten. Der Adressatenbezug des Titels macht durch Kontradiktion (»durchlauchtigsten Tyrannen«) die satirische Fiktion des Textes deutlich, die ironisch entlarven und provozieren will. In der offiziellen Anrede finden sich zeremonielles Lob und Verdammung. Sie gilt vorgeblich einer strahlenden, lauteren Persönlichkeit von Adel, die tatsächlich nichts als ein Despot ist.

In Briefform klagt ein Bauer, der eigentlich des Schreibens unkundig ist, seinen tyrannischen Fürsten an. In jambischen Dreizeilern zeigt sich der Sprecher als Repräsentant seines Standes, der den Fürsten durch provokante Fragen (»Wer bist du …«) herausfordert und anklagt (Strophe 1–3), ihm lapidar und doch zugleich insistierend das Recht bestreitet, wahrer, gerechter Herrscher des Volkes zu sein. Seine Empörung und Anklage zielt auf den Landesfürsten, der die Bauern nicht mehr als Menschen achtet: Sie würden, so das Rollen-Ich, ihm weniger gelten als seine Tiere (»Dein Freund, dein Jagdhund«); er jage sie – gleich dem gehetzten Wild –, schmarotze an dem, was die Bauern im Schweiße ihres Angesichts erarbeitet hätten. Von solchem fürstlichen Gebaren, das unproduktiv und zerstörerisch ist, weiß sich das Ich sowohl in seinem Besitz und Tätigsein als auch in seinem Standesdenken selbstbewusst abzusetzen. Da der Fürst – das ist die Konklusion des Sprechers – für seine Untertanen nicht sorgt, sie nicht – wie Gott – beschützt, ihnen keine Wohlfahrt, keinen Segen bringt, spricht er ihm schlechterdings die Legitimation ab, Fürst von Gottes Gnaden zu sein.

15.5 *Emilia Galotti* zwischen Auflehnung und Bestätigung

UG

ARBEITSBLATT 15b

➤ S. 104

Unterrichtsschritt. Auf der Folie Des Sturm-und-Drang-Gedichts von Bürger (ARBEITSBLATT 15b) reflektiert die Lerngruppe abschließend im Unterrichtsgespräch den sozialkritischen Gehalt von Lessings Drama (Arbeitsauftrag 5).

Erläuterungen. Mit Lessings Trauerspiel teilt Bürgers Gedicht den ständekritischen Ansatz. In beiden Texten wird der Fürst angeklagt, in dem einen Fall als Lüstling, in dem anderen als brutaler Tyrann. Geht man von der Schlussszene in Lessings Drama aus, so ähneln sich auch der expressive, affektbestimmte Sprachgestus der beiden Texte. Doch die Kritik kommt aus unterschiedlichen sozialen Lagern: Odoardo gehört dem niederen Adel an, das Sprecher-Ich in Bürgers Gedicht hingegen ist ein Bauer, der sich seiner natürlichen Freiheitsrechte beraubt sieht. Doch das ist noch nicht die entscheidende Differenz: Odoardo erkennt die legitime Herrschaft des Prinzen an, unterwirft sich seiner Gerichtsbarkeit und überantwortet ihn dem Richtspruch einer höheren göttlichen Instanz. Und auch der Versuch des Prinzen, sich selbst zu entlasten, dem »Teufel« (S. 65, Z. 7) Marinelli alle Schuld zuzuschieben, beinhaltet ja keineswegs eine Distanzierung vom System der absolutistischen Regierung. Dagegen bestreitet das Sprecher-Ich in Bürgers Gedicht überhaupt die Legitimität der Herrschaft und des Machtanspruches seines Fürsten, nachgerade sein Gottesgnadentum: »Du nicht von Gott, Tyrann!«

Es wird deutlich, dass auch *Emilia Galotti* Fürstenwillkür anprangert, doch zugleich weist das Drama auch die Brüchigkeit und Widersprüchlichkeit der bürgerlichen Emanzipationsbewegung auf. Diese scheitert an ihrem Widerpart, dem intriganten Hof, genauso wie an sich selbst. Die Kritik an fehlverstandenen bürgerlichen Tugendvorstellungen wird hier mit einer Kritik am höfischen Autoritätssystem verschränkt.

ARBEITSBLATT 15a

Erläuterungen zum Begriff der Aufklärung von Kant und Wieland

Immanuel Kant: Was ist Aufklärung?

»*Aufklärung ist der Ausgang des Menschen aus seiner selbst verschuldeten Unmündigkeit. Unmündigkeit* ist das Unvermögen, sich seines Verstandes ohne Leitung eines anderen zu bedienen. *Selbstverschuldet* ist diese Unmündigkeit, wenn die Ursache derselben nicht am Mangel des Verstandes, sondern der Entschließung und des Mutes liegt, sich seiner ohne Leitung eines andern zu bedienen. Sapere aude! Habe Mut, dich deines *eigenen* Verstandes zu bedienen! ist also der Wahlspruch der Aufklärung.«

Immanuel Kant: Beantwortung der Frage: Was ist Aufklärung? In: Was ist Aufklärung? Thesen, Definitionen, Dokumente. Hrsg. von Barbara Stollberg-Rilinger. Stuttgart: Reclam, 2010. S. 9–18, hier S. 9.

Christoph Martin Wieland: Sechs Fragen zur Aufklärung (1789)

1. »Was ist Aufklärung?«

»Das weiß jedermann, der vermittelst eines Paares sehender Augen erkennen gelernt hat, worin der Unterschied zwischen Hell und Dunkel, Licht und Finsternis besteht. Im Dunkeln sieht man entweder gar nichts oder wenigstens nicht so klar, dass man die Gegenstände recht erkennen und voneinander unterscheiden kann: sobald Licht gebracht wird, klären sich die Sachen auf, werden sichtbar und können voneinander unterschieden werden – doch wird dazu zweierlei notwendig erfordert: 1) dass Licht genug vorhanden sei, und 2) dass diejenige, welche dabei sehen sollen, weder blind noch gelbsüchtig seien, noch durch irgendeine andere Ursache verhindert werden, sehen zu können oder sehen zu wollen.«

2. »Über welche Gegenstände kann und muss sich die Aufklärung ausbreiten?«

»Drollige Frage! Worüber, als über alle sichtbare Gegenstände? Das versteht sich doch wohl, dächte ich; oder muss es dem Herrn noch bewiesen werden? Nun wohlan! Im Dunkeln (ein einziges löbliches und gemeinnütziges Geschäfte ausgenommen) bleibt für ehrliche Leute nichts zu tun als zu schlafen. Im Dunkeln sieht man nicht, wo man ist? noch wo man hingeht, noch was man tut, noch was um uns her, zumal in einiger Entfernung, passiert; man läuft Gefahr, bei jedem Schritte die Nase anzustoßen, bei jeder Bewegung etwas umzuwerfen, zu beschädigen oder anzurühren, was man nicht anrühren sollte, kurz, alle Augenblicke Missgriffe und Misstritte zu tun; so dass, wer seine gewöhnliche Geschäfte im Dunkeln treiben wollte, sie sehr übel treiben würde. Die Anwendung ist kinderleicht. Das Licht des Geistes, wovon hier die Rede ist, ist die Erkenntnis des Wahren und Falschen, des Guten und Bösen. Hoffentlich wird jedermann zugeben, dass es ohne diese Erkenntnis ebenso unmöglich ist, die Geschäfte des Geistes recht zu treiben, als es ohne materielles Licht möglich ist, materielle Geschäfte recht zu tun. Die Aufklärung, d.i. so viel Erkenntnis, als nötig ist, um das Wahre und Falsche immer und überall unterscheiden zu können, *muss* sich also über alle Gegenstände ohne Ausnahme ausbreiten, worüber sie sich ausbreiten *kann*, d.i. über alles dem äußern und innern Auge Sichtbare.«

Christoph Martin Wieland: Sechs Fragen zur Aufklärung. In: Was ist Aufklärung? Thesen und Definitionen. Hrsg. von Ehrhard Bahr. Stuttgart: Reclam, 1974. S. 23–28, hier S. 23 f.

Arbeitsaufträge:

1. Arbeiten Sie die zentralen Begriffe in Kants Definition der Aufklärung heraus und erläutern Sie diese.
2. Vergleichen Sie den Text von Wieland mit dem Bild von Chodowiecki sowie den Ausführungen von Kant.
3. Geben Sie in eigenen Worten wieder, welches Verständnis man im 18. Jahrhundert vom Begriff der Aufklärung hat.

ARBEITSBLATT 15b

Herrscherkritik im Sturm und Drang

Gottfried August Bürger: Der Bauer an seinen durchlauchtigsten Tyrannen (1773)

»Wer bist du, Fürst, dass ohne Scheu
Zerrollen mich dein Wagenrad,
Zerschlagen darf dein Ross?

Wer bist du, Fürst, dass in mein Fleisch
Dein Freund, dein Jagdhund, ungebläut
Darf Klau und Rachen haun?

Wer bist du, dass durch Saat und Forst,
Das Hurra deiner Jagd mich treibt,
Entatmet, wie das Wild? –

Die Saat, so deine Jagd zertritt,
Was Ross und Hund und du verschlingst,
Das Brot, du Fürst, ist mein.

Du Fürst hast nicht, bei Egg und Pflug,
Hast nicht den Erntetag durchschwitzt.
Mein, mein ist Fleiß und Brot! –

Ha! du wärst Obrigkeit von Gott?
Gott spendet Segen aus; du raubst!
Du nicht von Gott, Tyrann!«

Gottfried August Bürger: Der Bauer an seinen durchlauchtigsten Tyrannen. In: Das große deutsche Gedichtbuch. Hrsg. von Karl Otto Conrady. Kronberg: Athenäum Verlag, 1977. S. 225.

5 **ungebläut:** ungestraft | 9 **Entatmet:** atemlos, des Atems beraubt

Arbeitsaufträge:

1. Informieren Sie sich in Ihrem Geschichtsbuch und im Internet über die wirtschaftliche, soziale und politische Situation der Bauern in den deutschen Fürstentümern vom 18. bis zur Mitte des 19. Jahrhunderts.
2. Bürgers Gedicht ist ein Rollengedicht. Mit ihm drückt der Autor die Gefühle und Gedanken einer Person in der Ich-Form aus. Bestimmen Sie die Redesituation. Versuchen Sie dem Gedicht im lauten Vortrag verschiedene Haltungen und Gefühle zu unterlegen.
3. Untersuchen Sie die sprachliche und poetische Form des Gedichts.
4. Erläutern Sie, wie das Sprecher-Ich seine Situation beurteilt, wie es die Obrigkeit und sein Verhältnis zu ihr charakterisiert.
5. Vergleichen Sie die Darstellung sozialpolitischer Verhältnisse in Lessings *Emilia Galotti* mit der in Bürgers Gedicht. Welche Gemeinsamkeiten erkennen Sie, worin unterscheiden sich beide Werke?

16 Klausurvorschlag mit Lösungshinweisen: Analyse eines poetischen Textes mit weiterführendem Schreibauftrag

Klausuraufgabe:

Analysieren und interpretieren Sie die Szene II,10 in Lessings Drama *Emilia Galotti* (Reclam XL, S. 35–38). Kennzeichnen Sie dabei den Stellenwert dieses Dialogs im Gesamtgefüge des Textes.

Lösungshinweise

Gliederung

A Formulierung einer aufgabenbezogenen Einleitung
B Erschließung und Interpretation
1. Situative Voraussetzungen
2. Inhaltsangabe der Szene
3. Aufbau und dramaturgische Gestaltung
4. Eigen- und Fremdcharakterisierung der Figuren
5. Beziehung der Figuren
6. Gesprächsziele und argumentative Strategien
7. Figurensprache

C Schluss: Ergebnis und Deutung des Gesprächs

A Formulierung einer aufgabenbezogenen Einleitung

Die vorliegende Szene stammt aus Gotthold Ephraim Lessings fünfaktigem Trauerspiel *Emilia Galotti* aus dem Jahr 1772. Nach Gesprächen mit Emilia und ihrer Mutter Claudia begegnet Graf Appiani hier erstmals dem Marchesen Marinelli.

B Erschließung und Interpretation

1. Situative Voraussetzungen

Nachdem Appiani in der voraufgegangenen Szene Claudia mitgeteilt hat, er wolle zum Prinzen gehen, um diesen über seine bevorstehende Hochzeit mit Emilia zu informieren, erscheint Marinelli. Pirro, der Bediente der Familie Galotti, der seinen früheren Kompagnon Angelo über die Hochzeitsfahrt des Brautpaars informiert hat und ahnt, dass dieser einen Überfall auf die Kutsche plant, kündigt den Besuch des Marchesen Marinelli bei Appiani an. Offensichtlich ist er dem Grafen in die Wohnung der Galottis gefolgt, um mit ihm über ein dringendes Geschäft zu sprechen. Appianis Reaktion ist zweideutig: Seine lakonische Rückfrage »Nach mir?« (S. 35, Z. 5) kann Erstaunen signalisieren, weshalb Marinelli, mit dem ihn nichts Persönliches am Hof verbindet, sich gerade nach ihm erkundigt hat und mit ihm sprechen will, bringt vielleicht aber auch seine geringe Bereitschaft zum Gespräch mit dem Kammerherrn zum Ausdruck.

Schon in den Szenen zuvor hat das Publikum Informationen über die wechselseitigen Beziehungen der beiden Gesprächspartner erhalten. In seinem Gespräch mit dem Prinzen (I,6) charakterisiert ihn Marinelli als naiven, empfindsamen Liebhaber, der sich durch den Witz und die Tugend eines Mädchens ohne Vermögen und Rang habe einfangen lassen und nun fest entschlossen sei, dieses zu heiraten. Hier wird klar, dass Marinelli nur den sozialen Status und die Karrierechancen Appianis am Hof im Blick hat. So kommentiert er in abfälliger Weise dessen Absicht, den Hof zu verlassen, um fernab der Residenz auf dem Lande zu leben.

Über die konkrete Beziehung Appianis zu Marinelli erfährt der Leser in den voraufgegangenen Szenen nichts. Suggeriert wird sie ihm indirekt aufgrund einer Äußerung Odoardos. Für den Grafen gehört Marinelli, so glaubt Odoardo, zu dem Typus von Höflingen, die durch Bücken, Schmeicheln und Kriechen um die Gunst des Fürsten buhlen (vgl. S. 25, Z. 31–35). Für Odoardo sind solche höfischen Laster der »Marinellis« (S. 35, Z. 32) die entscheidenden Gründe für die Rückzugsmoral des Grafen.

2. Inhaltsangabe der Szene

Zu Beginn seines Gespräches mit Appiani macht Marinelli den Charakter des angekündigten Geschäftes deutlich. Der Prinz beauftrage den Grafen in ehrenvoller Weise, ohne zeitlichen Verzug eine Gesandtschaft an den Herzog von Massa zu übernehmen, um mit ihm über die geplante Vermählung von dessen Tochter zu verhandeln. Auf die Äußerung Appianis, er könne diesen Auftrag wegen seiner unmittelbar bevorstehenden Hochzeit nicht wahrnehmen, reagiert Marinelli mit dem Hinweis, diese lasse sich ja verschieben. Doch dies lehnt der Graf strikt ab. Darauf erkundigt sich Marinelli scheinheilig nach dem Namen der Braut. Bei der Nennung des Namens Emilia Galotti spielt er in zynischer Weise darauf an, dass die Eltern solche Verschiebung der Hochzeit sicherlich akzeptieren würden, weil sie doch überhaupt froh darüber sein könnten, dass ein Adeliger ihre Tochter heirate. Angesichts dieser Provokation bezeichnet Appiani den Kammerherrn als »ganze[n] Affe[n]« (S. 38, Z. 4). Marinelli reagiert darauf mit einer Duellforderung, die der Graf sogleich ausfechten will. Dem weicht Marinelli mit vorgeblicher Rücksicht auf die Hochzeit Appianis aus. Als dieser seine Hand ergreift, reißt Marinelli sich los und verlässt mit unterschwelliger Drohung die Bühne.

3. Aufbau und dramaturgische Gestaltung

Die Szene ist wie ein fünfaktiges Drama *en miniature* aufgebaut. **Expositionsartig** ist der Beginn des Gespräches angelegt. Mit einschmeichelnden Sätzen, mehrfach seine enge freundschaftliche Verbundenheit mit Appiani betonend, begrüßt Marinelli den Grafen, der allerdings mit seinen lakonischen Rückfragen keinen Hehl daraus macht, dass ihm die geschraubte Redeweise Marinellis zuwider ist, und deshalb den Kammerherrn auffordert, zur Sache zu kommen. Mit der Überbringung des Auftrags des Prinzen, der Appiani zunächst verlegen macht, dann aber »*nach einiger Überlegung*« (S. 36, Z. 17) angenommen wird, endet die Einführung.

Die Steigerung der Handlung wird ausgelöst durch die Bemerkung Marinellis, dass die Überbringung der Botschaft an den Herzog von Massa unverzüglich zu erfolgen habe. Mit Appianis Weigerung einer sofortigen Abreise und dem Hinweis darauf, dass er an diesem Tag zu heiraten gedenke, wird der Gesprächston schärfer und spitzt sich die Handlung zu.

Das Gespräch **wendet** sich in dem Augenblick, in dem Appiani deutlich sagt, dass er als freier Mann am Hofe dem Prinzen nicht zum unbedingten Gehorsam verpflichtet sei, ihm zwar freiwillig dienen wolle, aber nicht sein Sklave sei. Mit dem Hinweis darauf, dass ihm in dieser Situation sein Privatinteresse, die sein ganzes Glück ausmachende Hochzeit, wichtiger sei als der Befehl des Prinzen, ist der **Höhepunkt** des Dialogs erreicht.

Die folgende Gesprächsphase hat zunächst einen **retardierenden,** dann aber den Konflikt beschleunigenden Charakter. In scheinbarer Unwissenheit erkundigt sich Marinelli nach dem Namen der Braut, um anschließend den niederen sozialen Rang der Familie Galotti mit sarkastischen Worten herauszustellen.

Mit der Beleidigung Marinellis und dessen Duellforderung ist die letzte Eskalationsstufe des Gespräches erreicht. Die **Katastrophe**, das sofortige Ausfechten des Duells, bleibt hier zwar aus, doch die letzten Worte Marinellis »Nur Geduld, Graf, nur Geduld« (S. 38, Z. 21 f.) kündigen sie an.

4. Eigen- und Fremdcharakterisierung der Figuren

Marinelli tritt auch hier als geschmeidiger und intriganter Höfling auf. In seinem Reden und Handeln versucht er, sich stets flexibel der Situation anzupassen. Er beherrscht die Klaviatur der Spielregeln des Hofes. Mal gibt er sich höflich und devot, mal tritt er dreist voller Sarkasmus auf, lässt aber bis zum Schluss nie die Maske fallen und bewahrt seine Fassade. So bleibt auch seine Aussage am Schluss des Gespräches ambivalent. Appiani nimmt sie wörtlich. Er hält ihn für einen Feigling und glaubt, dass Marinelli sich damit dem sofortigen Duell entziehen will. Für das Publikum, das über die von Marinelli eingefädelte Intrige schon Kenntnisse hat, erweist sie sich als handfeste Drohung.

Demgegenüber tritt Appiani in dieser Szene nicht als Höfling auf. Intrige und Verstellung liegen ihm fern. Er ist rechtschaffen und geradlinig. Der Zuschauer/Leser kennt schon vor dem Gespräch seine bürgerlichen Gesinnungen und anti-höfischen Wertvorstellungen. Auch hier zeigt Appiani unmissverständlich, wie zentral für ihn die Integrität familialer Privatheit ist. Vom Vasallentum Marinellis grenzt er sich kategorisch ab. So betont er, von der Gunst des Prinzen nicht abhängig zu sein. Er versteht sich als unabhängiger Adliger, der nicht der Befehlsgewalt des Prinzen unterliegt: »Ich gebe zu, dass Sie dem Prinzen unbedingtern Gehorsam schuldig wären. Aber nicht ich. – Ich kam an seinen Hof als ein Freiwilliger. Ich wollte die Ehre haben, ihm zu dienen: aber nicht sein Sklave werden.« (S. 37, Z. 13–16)

Hier und in dem Gespräch, das er zuvor mit Claudia und Emilia geführt hat, wird aber auch deutlich, dass sein neues Rollenbewusstsein noch nicht gefestigt ist. Zwar beteuert er, dass er als Freiwilliger an den Hof des Prinzen gegangen sei, dass er ihm um der Ehre willen diene und ihm deshalb auch nicht unbedingten Gehorsam schuldig sei, doch vermag er dem höfischen Reglement mit seinen Konventionen bzw. Verhaltenskodex noch nicht endgültig zu entsagen. Eine Schwäche, so sagt er im Gespräch mit Claudia, habe ihn dazu veranlasst, dem Rat seiner höfischen Freunde zu folgen und dem Prinzen seine bevorstehende Heirat mit Emilia anzuzeigen. Und auch seine Bereitschaft, den ihm von Marinelli übermittelten Auftrag sogleich anzunehmen, zeigt, dass er den Hof als den Ort seiner bisherigen sozialen Identität noch nicht völlig aufgegeben hat.

5. Beziehung der Figuren

Die kommunikative Beziehung der beiden Figuren ist von Beginn an gestört. Appiani möchte das Gespräch mit Marinelli nur auf der Inhaltsebene führen, schnell zur Sache kommen und fragt diesen sogleich nach dem Anlass der Unterredung und dessen Begehren (»Nun, mein Herr?«, S. 35, Z. 16). Der Ton und Gestus der Sprache zeigen aber sofort, in welchem Verhältnis er zu Marinelli steht. Diesen hält er für einen eitlen Schwätzer, dessen umständliches, gespieltes devotes Sprachverhalten ist ihm zuwider: »Ohne weitere Vorrede; wenn ich bitten darf« (S. 35, Z. 23). Das Beziehungsangebot, das Marinelli dem Grafen macht, indem er sich am Anfang der Szene mehrfach zu dessen Freund erklärt, weist dieser harsch zurück. Freundschaft, so wird deutlich, besteht für Appiani nicht in ihrem stereotypen verbalen Bekunden, sondern in gemeinsamen Lebenserfahrungen, tugendhafter Gesinnung und privater Verbundenheit.

6. Gesprächsziele und argumentative Strategien

Marinelli verfolgt in dem Gespräch die Absicht, Appiani von Guastalla wegzulocken und ihn zu überreden, die Hochzeitsfeier mit Emilia zu verschieben. Um dieses Ziel zu erreichen, wählt er mehrere Strategien. Zunächst versucht er, sich beim Grafen mit suggestiven Ergebenheitsadressen einzuschmeicheln, und versichert ihm vorgeblich mehrfach seiner Freundschaft. In dem Augenblick, in dem Appiani die umgehende Ausführung des fürstlichen Auftrags ablehnt, pocht er auf die absolute Befehlsgewalt des Prinzen, die der Graf aber selbstbewusst zurückweist. Die spöttische Degradierung von Emilias Familie und die Herabwürdigung von Appianis Hochzeit als bloße Zeremonie haben nur noch provokatorischen Charakter. Sie sind schon längst seinem alternativen Plan, dem Überfall auf die Hochzeitskutsche des Brautpaars, geschuldet, um Emilia dem Prinzen gewaltsam zuzuführen. Inwieweit er dabei schon die Ermordung Appianis plant, ist an dieser Stelle des Dialoges noch nicht ersichtlich. Virulent wird dieses Motiv aber nach Beendigung des Gespräches: Seine Demütigung durch Appiani weckt und forciert seine persönlichen Rachegedanken.

Da Appiani unmittelbar und deshalb für ihn überraschend mit der Gesprächsofferte Marinellis konfrontiert wird, verfolgt er zu Beginn kein festes Ziel. Ihm ist es zunächst nur darum zu tun, das Gespräch mit dem ihm unsympathischen Kammerherrn rasch zu beenden. Zögerlich und unschlüssig reagiert er auf dessen Angebot, stimmt ihm aber dann doch zu. Erst in dem Moment, in dem sein Privatinteresse auf dem Spiel steht, nimmt er seine Zusage zurück, die Gesandtschaft an den Herzog von Massa zu übernehmen. Später geht es ihm nur noch darum, seine Autonomie am Hofe zu demonstrieren und Marinelli als lächerlichen Höfling zu entlarven.

7. Figurensprache

In sprachlicher Hinsicht unterscheiden sich die Reden der beiden Figuren grundlegend: Marinellis Sprache ist durchsetzt mit einer Fülle von höfischen Floskeln; verstärkt werden diese durch die hohe Gebrauchsfrequenz von Adjektiven (»vorzüglichen«, S. 35, Z. 19 f.; »ergebensten«, S. 35, Z. 21; »lange unschlüssig«, S. 35, Z. 27; »ruhmredig«, S. 35, Z. 30; »würdigen«, S. 36, Z. 4; »würdig genug«, S. 36, Z. 5 f.; »voreilig«, S. 36, Z. 7; »unverzeihliches«, S. 36, Z. 11 f.; »angetragene«, S. 36, Z. 14). Sie haben bloß dekorativen Charakter, suggerieren Unterwürfigkeit und zielen darauf, sich dem Grafen anzubiedern und ihm den Befehl des Prinzen schmackhaft zu machen.

Appiani dagegen spricht zunächst kühl und knapp. Hier signalisieren die vielen Fragen und die elliptischen Sätze, dass er sich angesichts des Auftrages des Prinzen ein wenig überrumpelt fühlt. Wie verunsichert er ist, verdeutlichen die vielen Gedankenstriche in seiner Rede. Sie zeigen, dass er seine Gedanken erst allmählich beim Sprechen verfertigt. Selbst die Entlarvung Marinellis als dienstbaren Hofschranzen des Prinzen ist mehr seiner psychischen Verfassung geschuldet als einer zielorientierten Redestrategie. Dabei wechselt er – je nach Grad seiner emotionalen Beteiligung – die Sprachform und Stilhaltung. Ironisch spielt er seine Hochzeit als »Kleinigkeit« (S. 37, Z. 1) herunter. Grob und beleidigend wird er in seiner Sprache dann, wenn er Marinelli, dessen Phrasenhaftigkeit entlarvend, wiederholt einen Affen nennt (vgl. S. 38, Z. 4,9). Voller Herablassung beendet er das Gespräch, wenn er das anstehende Duell mit Marinelli sarkastisch als »Spaziergange« (S. 38, Z. 18) bezeichnet.

C Schluss: Ergebnis und Deutung des Gesprächs

Was Verlauf und Ende des Gespräches für Appiani bedeuten, wird schon in der folgenden Szene klar. Im Gespräch mit Claudia weist er darauf hin, dass sich mit seiner Ankündigung, er werde Emilia heiraten, der geplante Besuch beim Prinzen erübrigt. Fast noch wichtiger für ihn ist der kathartische Effekt des Gespräches. Dieses hat zwar sein »Blut [...] in Wallung« (S. 38, Z. 26) gebracht, aber ihn zugleich in seiner Selbsteinschätzung als Ehrenmann bestätigt. Doch die Ruhe, die er vorgibt, ist trügerisch, da er weder von der eigentlichen Absicht des Prinzen weiß, Emilia in der Messe abzupassen, noch überhaupt von dem Vorfall in der Kirche Kenntnis hat. Er verkennt die Situation und ahnt nicht, dass seine Mörder schon bereitstehen.

Für Marinelli endet das Gespräch mit einer Niederlage. Feige entzieht er sich der sofortigen Ansetzung des Duells. Jedoch scheint der zweite Teil seiner Doppelstrategie, der geplante Überfall auf die Hochzeitskutsche, aufzugehen. Schon im Gespräch mit dem Prinzen im ersten Akt hatte er ja, ohne dies explizit zu sagen, diesen hypothetisch ins Auge gefasst: »Wenn es mir nicht gelingt, den Grafen augenblicklich zu entfernen: so denk ich –« (S. 18, Z. 6 f.). Mit der latenten Drohung am Ende deutet er an, dass für ihn das Schicksal Appianis besiegelt ist.

Lösungshinweise zu ARBEITSBLATT 8b (➤ S. 50 f.)

Szenenplan

Akt/Szene	Thema/Handlung	Figuren	Ort/Zeit
I,1	Gewährung einer Bittschrift; Trennung von Orsina	Der Prinz; Kammerdiener	Kabinett des Prinzen im Residenzschloss am Morgen
I,2	Übergabe der Porträts vom Orsina und Emilia an den Prinzen	Der Prinz; Conti	Kabinett des Prinzen; Morgen
I,3	Unterschiedliche Reaktionen des Prinzen auf die beiden Bilder	Der Prinz	Kabinett des Prinzen; Morgen
I,4	Lob des Malers; Kauf der beiden Porträts: das Gemälde Orsinas für die fürstliche Galerie, das von Emilia für sein Kabinett	Der Prinz; Conti	Kabinett des Prinzen; Morgen
I,5	Sehnsucht des Prinzen nach Emilia	Der Prinz	Kabinett des Prinzen; Morgen
I,6	Überbringung der Nachricht von der unmittelbar bevorstehenden Hochzeit Emilias und Appianis; Plan Marinellis, die Hochzeit zu verhindern	Der Prinz; Marinelli	Kabinett des Prinzen; Morgen
I,7	Entschluss des Prinzen, in die Kirche zu gehen, um heimlich mit Emilia dort zu sprechen	Der Prinz; Kammerdiener	Kabinett des Prinzen; Morgen
I,8	Rota verhindert die leichtfertige Unterzeichnung eines Todesurteils	Der Prinz; Camillo Rota	Kabinett des Prinzen; Morgen
II,1	Meldung der Ankunft Odoardos durch den Bediensteten Pirro	Claudia; Pirro	Saal im Haus der Galottis; Morgen
II,2	Beunruhigung Odoardos aufgrund des alleinigen Kirchganges von Emilia	Odoardo; Claudia; Pirro	Haus der Galottis; Morgen
II,3	Pirro informiert den Banditen Angelo über den Weg der Hochzeitsgesellschaft	Pirro; Angelo	Saal im Haus der Galottis; Morgen
II,4	Unterschiedliche Auffassungen von Odoardos und Claudias zur Stadterziehung Emilias	Odoardo; Claudia; Pirro	Saal im Haus der Galottis; Morgen
II,5	Kurze Charakterisierung Odoardos	Claudia	Saal im Haus der Galottis; Morgen
II,6	Schilderung des Vorfalls in der Kirche durch Emilia; Verheimlichung ihrer Begegnung mit dem Prinzen vor dem Vater und Appiani	Emilia; Claudia	Saal im Haus der Galottis; Morgen

Lösungshinweise zu ARBEITSBLATT 8b (➤ S. 50 f.)

Akt/Szene	Thema/Handlung	Figuren	Ort/Zeit
II,7	Appiani lobt die Tugendhaftigkeit des Brautvaters und die Frömmigkeit Emilias	Claudia; Emilia; Appiani	Saal im Haus der Galottis; Morgen
II,8	Zögerlicher Entschluss Appianis, den Prinzen über die bevorstehende Hochzeit zu informieren	Appiani; Claudia	Saal im Haus der Galottis; Morgen
II,9	Auftreten Marinellis im Hause der Galottis	Claudia; Appiani; Pirro	Saal im Haus der Galottis; Morgen
II,10	Überbringung der Botschaft des Prinzen an Appiani, die Gesandtschaft an den Herzog von Massa zu übernehmen; Streit zwischen Appiani und Marinelli, Duellforderung Marinellis; Ausweichen und Flucht Marinellis	Appiani; Marinelli	Saal im Haus der Galottis; Morgen
II,11	Erleichterung Appianis und Beruhigung Claudias	Appiani; Claudia	Saal im Haus der Galottis; Morgen
III,1	Marinelli schildert seine Begegnung mit Appiani; Überfall auf die Hochzeitskutsche	Der Prinz; Marinelli	Vorsaal auf dem Lustschloss; gegen Mittag
III,2	Angelo informiert Marinelli darüber, dass bei dem Überfall auf die Kutsche Appiani getötet wurde	Marinelli; Angelo	Vorsaal auf dem Lustschloss; gegen Mittag
III,3	Marinelli und der Prinz beobachten, wie Emilia zum Schloss eilt	Der Prinz; Marinelli	Vorsaal auf dem Lustschloss; gegen Mittag
III,4	Sorge Emilias um ihren Verlobten und um ihre Mutter; Marinelli sucht sie zu beruhigen	Marinelli; Emilia; Battista	Vorsaal auf dem Lustschloss; gegen Mittag
III,5	Emilia bittet den Prinzen um Schonung; dieser führt sie in die inneren Gemächer	Der Prinz; Marinelli; Emilia	Vorsaal auf dem Lustschloss; gegen Mittag
III,6	Battista meldet Marinelli die Ankunft Claudias	Marinelli; Battista	Vorsaal auf dem Lustschloss; gegen Mittag
III,7	Claudia erkennt in Battista den Entführer Emilias wieder	Claudia; Marinelli; Battista	Vorsaal auf dem Lustschloss; gegen Mittag
III,8	Entdeckung der Intrige durch Claudia; sie bezichtigt Marinellis der Kuppelei und des Mordes	Claudia; Marinelli	Vorsaal auf dem Lustschloss; gegen Mittag
IV,1	Der Prinz macht Marinelli verantwortlich für den Tod Appianis; Gegenwehr Marinellis	Der Prinz; Marinelli	Vorsaal auf dem Lustschloss; gegen Mittag
IV,2	Meldung der Ankunft Orsinas; Ablehnung des Prinzen, die Gräfin zu empfangen	Der Prinz; Marinelli; Battista	Vorsaal auf dem Lustschloss; gegen Mittag
IV,3	Ankunft Orsinas im Schloss; sie erfährt, dass der Prinz ihren Brief nicht gelesen hat	Orsina; Marinelli	Vorsaal auf dem Lustschloss; gegen Mittag

Lösungshinweise zu ARBEITSBLATT 8b (➤ S. 50 f.)

Akt/Szene	Thema/Handlung	Figuren	Ort/Zeit
IV,4	Kurze Begegnung Orsinas mit dem Prinzen; er sagt, dass er nicht allein sei und deshalb keine Zeit für sie habe	Der Prinz; Orsina; Marinelli	Vorsaal auf dem Lust-schloss; gegen Mittag
IV,5	Orsina weiß durch Kundschafter vom Vorfall in der Kirche; sie vermutet, dass der Prinz den Auftrag des Überfalls auf die Hochzeitskutsche erteilt hat	Orsina; Marinelli	Vorsaal auf dem Lust-schloss; gegen Mittag
IV,6	Odoardo tritt auf; Marinelli warnt ihn vor der Gräfin	Odoardo; Orsina; Marinelli	Vorsaal auf dem Lust-schloss; gegen Mittag
IV,7	Orsina informiert Odoardo, dass Appiani tot ist und Emilia sich im Gewahrsam des Prinzen befindet; sie überreicht ihm einen Dolch, mit dem er den Prinzen töten soll	Orsina; Odoardo	Vorsaal auf dem Lust-schloss; gegen Mittag
IV,8	Odoardo schickt Claudia zusammen mit der Gräfin in die Stadt	Orsina; Odoardo; Claudia	Vorsaal auf dem Lust-schloss, gegen Mittag
V,1	Beobachtung der Rückkehr Odoardos zum Schloss; Mutmaßungen über das weitere Schicksal Emilias	Marinelli; der Prinz	Vorsaal auf dem Lust-schloss; später Nachmit-tag
V,2	Gedanken über die mögliche Rettung Emilias	Odoardo	Vorsaal auf dem Lust-schloss; später Nachmit-tag
V,3	Entschluss Odoardos, Emilia nach Sabionetta zu bringen; Hinweis Marinellis	Marinelli; Odoardo	Vorsaal auf dem Lust-schloss; später Nachmit-tag
V,4	Durchsetzung des väterlichen Bestimmungs-rechtes gegenüber dem Prinzen	Odoardo	Vorsaal auf dem Lust-schloss; später Nachmit-tag
V,5	Odoardo möchte Emilia in ein Kloster bringen; der Prinz bestimmt das Haus der Grimaldis zum Aufenthaltsort Emilias	Der Prinz; Marinelli; Odoardo	Vorsaal auf dem Lust-schloss; später Nachmit-tag
V,6	Odoardos Verdacht gegenüber Emilia, im geheimen Einverständnis mit dem Prinzen zu stehen	Odoardo	Vorsaal auf dem Lust-schloss; später Nachmit-tag
V,7	Appell Emilias an den Vater, sie zu töten, um sie vor der Schande zu bewahren; Odoardo erdolcht Emilia	Odoardo; Emilia	Vorsaal auf dem Lust-schloss; später Nachmit-tag
V,8	Tod Emilias; Verbannung Marinellis durch den Prinzen	Odoardo; Emilia; der Prinz; Marinelli	Vorsaal auf dem Lust-schloss; später Nachmit-tag

Lösungshinweise zu ARBEITSBLATT 9b (➤ S. 60)

Figurenstatistik

	Auftretenshäufigkeit	Aufzüge
Emilia	6	II, III und V
Odoardo	12	II, IV und V
Claudia	13	II, III und IV
Hettore	17	I, III, IV und V
Marinelli	21	I, II, III, IV und V
Appiani	4	II
Orsina	6	IV

	Orsina	Appiani	Marinelli	Hettore	Claudia	Odoardo
Emilia		II,7	III,4.5 V,8	III,5 V,8	II,6.7.8	V,7.8
Odoardo	IV,6.7.8		IV,6 V,2.5.8	V,5.8	II,2.4 IV,8	
Claudia	IV,8	II,7.8.9.11	II,6.7.8.9			
Hettore	I,4		I,6 III,1.3.5 IV,1.2.4 V,1.5.8			
Marinelli	IV,3.4.5.6	II,9.10				
Appiani						